本書の特色と使い方

ゆっくりていねいに、段階を追った学習ができます。支援学級などでの個別指導にも最適です。

・問題量に配慮した、ゆったりとした紙面構成で、読み書きが苦手な子どもでも、ゆっくりていねいに段階を追って学習することができます。
・漢字が苦手な子どもでも学習意欲が減退しないように、問題文の全ての漢字にふりがなを記載しています。

光村図書国語教科書から抜粋した詩・物語・説明文教材、ことば・文法教材の問題を掲載しています。

・教科書掲載教材を使用して、授業の進度に合わせて予習・復習ができます。
・目次に［教科書］マークがついている単元は、教科書の本文が掲載されていません。教科書をよく読んで学習しましょう。

どの子も理解できるよう、文章読解を支援する工夫をしています。

・長い文章の読解問題の場合は、読みとりやすいように、問題文を二つなどに区切って、問題文と設問に［1］、［2］…と番号をつけ、短い文章から読みとれるよう配慮しました。
・読解のワークシートでは、設問の中で着目すべき言葉に傍線（サイドライン）を引いておきました。
・記述解答が必要な設問については、答えの一部をあらかじめ解答欄に記載しておきました。

学習意欲をはぐくむ工夫をしています。

・解答欄をできるだけ広々と書きやすいよう配慮しています。
・内容を理解するための説明イラストなども多数掲載しています。イラストは色塗りなども楽しめます。

ワークシートの解答例について（お家の方や先生方へ）

本書の解答は、あくまでもひとつの「解答例」です。お子さまに取り組ませる前に、必ず指導される方が問題を解いてください。指導される方の作られた解答をもとに、お子さまの多様な考えに寄り添って○つけをお願いします。

ゆっくり　ていねいに学べる

国語教科書支援ワーク

（光村図書の教材より抜粋）

もくじ　2－②

赤《あか》とんぼ

名前

つぎの　しを　二回《にかい》　読《よ》んで、こたえましょう。

赤《あか》とんぼ

㋐つくつくほうしが
なくころになると、
㋑あの　ゆうびんのマークが、
きっと　知《し》らせにきます。
金色《きんいろ》の空《そら》から
もう　あきですよ……って。

※つくつくほうし…夏《なつ》の　おわりごろから　あきの
はじめに　なく　セミ。
つくつくぼうしの　こと。

（令和二年度版　光村図書　国語二下　赤とんぼ　まど・みちお）

(1) ㋐つくつくほうしがなくころとは、いつですか。一《ひと》つに○を　つけましょう。

（　）なつの　はじめごろ。
（　）なつの　おわりごろ。
（　）あきの　おわりごろ。

(2) ㋑あの　ゆうびんのマークに　ついて　こたえましょう。

① 「ゆうびんマーク」の　形《かたち》に　合《あ》う　ものに　○を　つけましょう。

（　）〒
（　）＋

② 「あの　ゆうびんのマーク」とは、なにを　あらわしていると　考《かんが》えられますか。○を　つけましょう。

（　）セミ
（　）赤《あか》とんぼ

③ 「あの　ゆうびんのマーク」は、どんな　ことを　知《し》らせに　くると　いって　いますか。しの　中《なか》の　ことばで　書《か》き出《だ》しましょう。

お手紙《てがみ》 (1)

名前

教科書《きょうかしょ》の つぎの 文《ぶん》しょうを 二回《にかい》 読《よ》んで、こたえましょう。

1

がまくんは、げんかんの前《まえ》に
すわっていました。…

から

…「うん、そうなんだ。」
がまくんが言《い》いました。

まで

2

「今《いま》、一日《いちにち》のうちの
かなしい時《とき》なんだ。…

から

…「ああ、いちども。」
がまくんが言《い》いました。

まで

1

(1) だれが、がまくんの ところに やって来《き》ましたか。

(2) げんかんの 前《まえ》に すわって いた がまくんは、どんな ようすでしたか。

2

(1) がまくんは、何《なに》を する 時間《じかん》が 「一日《いちにち》のうちの かなしい時《とき》」だと 言《い》いましたか。

時間《じかん》。

(2) お手紙《てがみ》を まつ 時間《じかん》に、がまくんが とても ふしあわせな 気《き》もちに なるのは なぜですか。○を つけましょう。

( )お手紙《てがみ》を いちども もらった ことが ないから。

( )お手紙《てがみ》を もらったのは、いちどだけだから。

お手紙《てがみ》 (2)

名前

教科書《きょうかしょ》の つぎの 文《ぶん》しょうを 二回《にかい》 読《よ》んで、こたえましょう。

1

「だれも、ぼくに お手紙《てがみ》なんか くれた ことがない…」

から

…げんかんの前《まえ》に こしを下《お》ろしていました。

まで

2

すると、かえるくんが 言《い》いました。「ぼく、もう 家《いえ》へ…」

から

…こう書《か》きました。「がまがえるくんへ」

まで

1

(1) がまくんが お手紙《てがみ》を まって いる ときが かなしい わけ 二《ふた》つに ○を つけましょう。

( )だれも お手紙《てがみ》を くれた ことが ないから。

( )ひとりで まって いるから。

( )毎日《まいにち》、ゆうびんうけが 空《から》っぽだから。

(2) がまくんの 話《はなし》の あと、ふたりは、どんな 気分《きぶん》で いましたか。

気分《きぶん》。

2

(1) 家《いえ》へ 帰《かえ》った かえるくんが ふうとうに 入《い》れた ものは 何《なん》ですか。○を つけましょう。

( )えんぴつと 紙《かみ》。

( )何《なに》かを 書《か》いた 紙《かみ》。

(2) かえるくんは、ふうとうに 何《なん》と 書《か》きましたか。

お手紙《てがみ》 (3)

名前

教科書《きょうかしょ》の つぎの 文《ぶん》しょうを 二回《にかい》 読《よ》んで、こたえましょう。

1

「かえるくんは、家《いえ》から とび出《だ》しました。…」

から

「…かえるくんは、がまくんの 家《いえ》へ もどりました。」

まで

2

「がまくんは、ベッドで お昼《ひる》ねをして…」

から

「…もう まっているの、あきあきしたよ。」」

まで

1

(1) 家《いえ》から とび出《だ》した かえるくんは、だれに 会《あ》いましたか。

「　　　　」

(2) かえるくんは、かたつむりくんに どんな ことを おねがいしましたか。

「お手紙《てがみ》を 　　　　の 家《いえ》へ もって いって、　　　　に 入《い》れて くる こと。」

2

かたつむりくんが がまくんの 家《いえ》に もどった とき、がまくんは、何《なに》を して いましたか。一《ひと》つに ○を つけましょう。

(　)げんかんの 前《まえ》で お手紙《てがみ》を まって いた。

(　)へやの 中《なか》で すわって お手紙《てがみ》を まって いた。

(　)ベッドで、お昼《ひる》ねを して いた。

お手紙《てがみ》 (4)

名前

教科書《きょうかしょ》の つぎの 文《ぶん》しょうを 二回《にかい》 読《よ》んで、こたえましょう。

1

「でもね、がまくん。」
かえるくんが言《い》いました。
「きょうは、だれかが、…

から

…きょうだって
同《おな》じだろうよ。」

まで

2

かえるくんは、まどから
のぞきました。…

から

…今《いま》、ぼく、お手紙《てがみ》を
まっているんだもの。」
かえるくんが言《い》いました。

まで

1

「きょうは、だれかが、きみに
お手紙《てがみ》 くれるかも しれないよ。」
と いう ことばに ついて
こたえましょう。

① だれが 言《い》った ことばですか。

② この ことばを きいた がま
くんは、何《なん》と 言《い》いましたか。

、
言《い》うなよ。

2

ずっと までの 外《そと》を 見《み》て いる
わけを きかれた かえるくんは、
何《なん》と こたえましたか。文《ぶん》しょうの
中《なか》から 書《か》き出《だ》しましょう。

だって、今《いま》、ぼく、
。

お手紙《てがみ》 (5)

名前

教科書《きょうかしょ》の つぎの 文《ぶん》しょうを 二回《にかい》 読《よ》んで、こたえましょう。

1

「でも、来《き》やしないよ。」がまくんが言《い》いました。…

から

…「きみが。」がまくんが言《い》いました。

まで

2

「お手紙《てがみ》に、なんて書《か》いたの。」…

から

…うれしく思《おも》っています。きみの親友《しんゆう》、かえる。』

まで

1 かえるくんが、手紙《てがみ》は 「きっと来《く》るよ。」と 言《い》った わけが 分《わ》かる、かえるくんの ことばを 書《か》き出《だ》しましょう。

だって、ぼくが 〔　〕 に 〔　〕 出《だ》したんだ もの。

2 (1) かえるくんは、どんな ことを うれしく 思《おも》って いると 手紙《てがみ》に 書《か》きましたか。文《ぶん》しょうの 中《なか》から 書《か》き出《だ》しましょう。

きみが 〔　〕 。

(2) かえるくんは、じぶんの ことを 何《なん》だと 手紙《てがみ》に 書《か》きましたか。

きみの 〔　〕〔　〕

お手紙《てがみ》 (6)

名前

教科書《きょうかしょ》の つぎの 文《ぶん》しょうを 二回《にかい》 読《よ》んで、こたえましょう。

1

「ああ。」
がまくんが言《い》いました。…

から

…しあわせな気《き》もちで、
そこにすわっていました。

まで

2

長《なが》いこと まって
いました。…

から

…がまくんは、とても
よろこびました。

まで

1

(1) かえるくんが お手紙《てがみ》に なんと書《か》いたのかを 聞《き》いて、がまくんは、どんな お手紙《てがみ》だと 言《い》いましたか。

とても ＿＿＿＿ お手紙《てがみ》だ。

(2) ふたりは、どんな 気《き》もちで お手紙《てがみ》が くるのを まって いましたか。

とても ＿＿＿＿ 気《き》もち。

2

(1) がまくんが、お手紙《てがみ》を もらったのは、何日《なんにち》 たって からの ことでしたか。

＿＿＿＿

(2) お手紙《てがみ》を もらった がまくんは、どんな ようすでしたか。文《ぶん》しょうの 中《なか》から 書《か》き出《だ》しましょう。

がまくんは、とても ＿＿＿＿ 。

主語《しゅご》と述語《じゅつご》(1)

主語《しゅご》と述語《じゅつご》に 気《き》をつけよう

名前

・ともだちが(だれが) わらう。(どうする)

・くまさんは(だれは) うれしそうだ。(どんなだ)

・ぶどうは(何《なに》は) くだものだ。(なんだ)

主語《しゅご》
だれが(は)
何《なに》が(は)

↓

述語《じゅつご》
どうする
どんなだ
なんだ

● つぎの 文《ぶん》の 主語《しゅご》と 述語《じゅつご》を 書《か》きましょう。

① バスが 来《く》る。

主語《しゅご》 (何《なに》が) [　　　]

述語《じゅつご》 (どうする) [　　　]

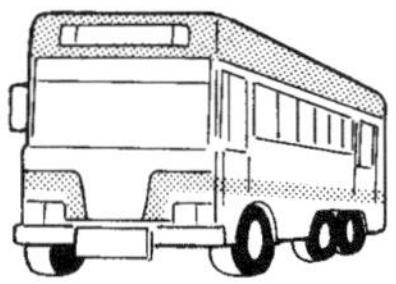

② 月《つき》が きれいだ。

主語《しゅご》 (何《なに》が) [　　　]

述語《じゅつご》 (どんなだ) [　　　]

③ パンダは 人気《にんき》ものだ。

主語《しゅご》 (何《なに》は) [　　　]

述語《じゅつご》 (なんだ) [　　　]

主語《しゅご》と述語《じゅつご》に 気《き》をつけよう

主語《しゅご》と 述語《じゅつご》 (2)

名前

(1) つぎの 文《ぶん》の ══線《せん》の 述語《じゅつご》は、何《なに》を あらわして いますか。□から えらんで、記《き》ごうで こたえましょう。

① おねえさんは 五年生《ごねんせい》だ。 □

② ひこうきは とぶ。 □

③ 子犬《こいぬ》は かわいい。 □

ア どうする
イ どんなだ
ウ なんだ

(2) つぎの 文《ぶん》の 形《かたち》に なるように、述語《じゅつご》に 当《あ》たる ことばを □から えらんで 書《か》きましょう。
(主語《しゅご》の 「くじらは」 の 文字《もじ》も なぞりましょう。)

① (何《なに》は) くじらは、(どうする) ＿＿＿＿。

② (何《なに》は) くじらは、(どんなだ) ＿＿＿＿。

③ (何《なに》は) くじらは、(なんだ) ＿＿＿＿。

大《おお》きい ・ どうぶつだ ・ およぐ

主語《しゅご》と述語《じゅつご》に気《き》をつけよう
主語《しゅご》と述語《じゅつご》(3)（二語文《にごぶん》）

名前

● つぎの 文《ぶん》の 主語《しゅご》と 述語《じゅつご》を 書《か》きましょう。

① 赤《あか》ちゃんが なく。

主語《しゅご》（だれが）

述語《じゅつご》（どうする）

② ゆきは 白《しろ》い。

主語《しゅご》（何《なに》は）

述語《じゅつご》（どんなだ）

③ じてん車《しゃ》は のりものだ。

主語《しゅご》（何《なに》は）

述語《じゅつご》（なんだ）

④ かきごおりは つめたい。

主語《しゅご》（何《なに》は）

述語《じゅつご》（どんなだ）

⑤ ぼくたちは はしる。

主語《しゅご》（だれは）

述語《じゅつご》（どうする）

主語《しゅご》は、「○○は」「○○が」と いう ことばで、述語《じゅつご》は、「どうする」「どんなだ」「なんだ」に 当《あ》たる ことばです。

主語《しゅご》と述語《じゅつご》に 気《き》をつけよう

主語《しゅご》と 述語《じゅつご》 ⑷
（三語文《さんごぶん》）

名前

● つぎの 文《ぶん》の ══線《せん》の ことばは、述語《じゅつご》です。主語《しゅご》を 見《み》つけて ――線《せん》を ひき、□に 書《か》きましょう。

① 妹《いもうと》は とても かわいい。　［妹は］

② いるかは 海《うみ》の 生《い》きものだ。　［　］

③ ひつじが 草《くさ》を 食《た》べる。　［　］

④ 星《ほし》が きらきら 光《ひか》る。　［　］

⑤ 土曜日《どようび》に、うんどう会《かい》が ある。　［　］

⑥ きょうは、ぼくの たんじょう日《び》です。　［　］

主語《しゅご》とは、文《ぶん》の 中《なか》で、「何《なに》が」「何《なに》は」「だれが」「だれは」に 当《あ》たる ことばだよ。⑤や ⑥の もんだいは、すこし むずかしいかな。「が」や 「は」の ついて いる ことばを さがして みよう。

主語《しゅご》と述語《じゅつご》に気《き》をつけよう
主語《しゅご》と 述語《じゅつご》(5)
（三語文《さんごぶん》）

名前

● つぎの 文《ぶん》の 三《みっ》つの ことばから、述語《じゅつご》を 見《み》つけて 書《か》きましょう。

① ぼくは バナナを 食《た》べる。

② ありは 小《ちい》さい 虫《むし》だ。

③ チューリップの 花《はな》が きれいだ。

④ 電車《でんしゃ》が えきに ついた。

⑤ ぼくの 妹《いもうと》は 四《よん》さいです。

⑥ きょうは とても あつい。

述語《じゅつご》とは、文《ぶん》の 中《なか》で、「どうする」「どんなだ」「なんだ」に 当《あ》たる ことばです。

主語《しゅご》と述語《じゅつご》に 気《き》をつけよう

主語《しゅご》と 述語《じゅつご》 (6)

(三《さん》～四語文《よんごぶん》)

名前

(1) つぎの 文《ぶん》の 三《みっ》つの ことばの うち、主語《しゅご》には ——線《せん》を、述語《じゅつご》には ═══線《せん》を ひきましょう。

① 花《はな》が —— たくさん —— さいた。

② やまださんは —— きょうの —— 当番《とうばん》だ。

③ ねこの —— しっぽが —— 長《なが》い。

④ きょうの —— 天気《てんき》は —— くもりだ。

(2) つぎの 文《ぶん》の 四《よっ》つの ことばの うち、主語《しゅご》には ——線《せん》を、述語《じゅつご》には ═══線《せん》を ひきましょう。

① お父《とう》さんは —— となり町《まち》の —— 中学校《ちゅうがっこう》の —— 先生《せんせい》だ。

② 小《ちい》さな —— 犬《いぬ》が —— キャンキャンと —— ほえる。

③ あたらしい —— くつは —— すこし —— 大《おお》きい。

④ こくばんに —— 先生《せんせい》が —— 字《じ》を —— 書《か》く。

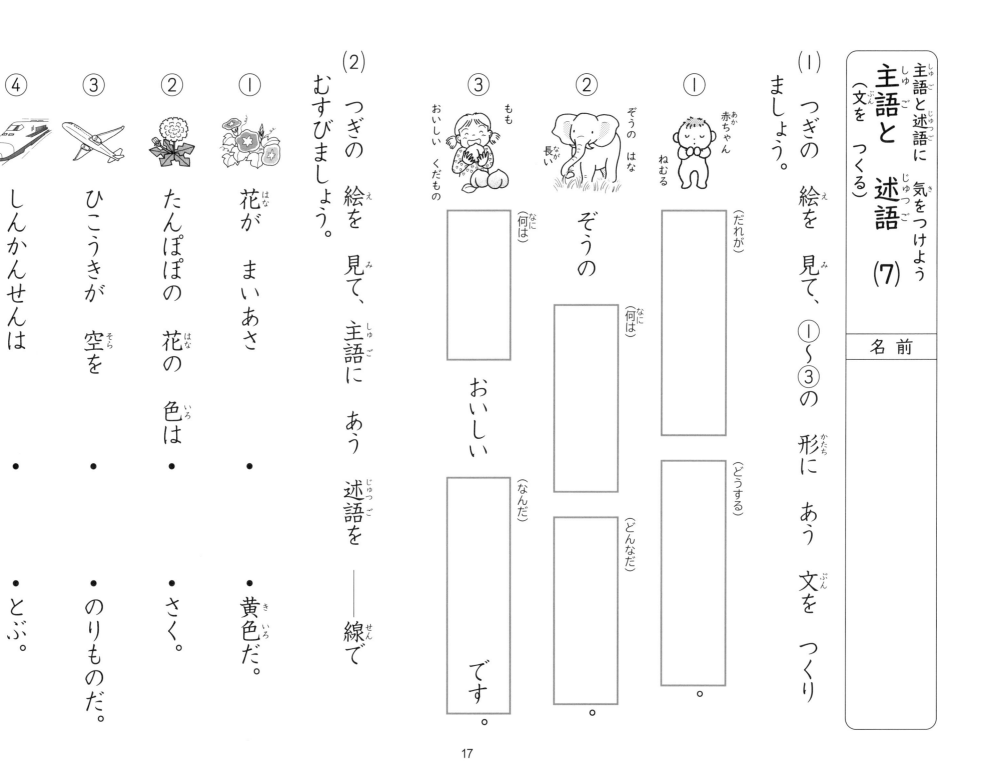

主語《しゅご》と述語《じゅつご》に気《き》をつけよう

主語《しゅご》と述語《じゅつご》 (7)

(文《ぶん》をつくる)

名前

(1) つぎの絵《え》を見《み》て、①~③の形《かたち》にあう文《ぶん》をつくりましょう。

①

(だれが)［　　］(どうする)［　　］。

②

ぞうの (何《なに》は)［　　］(どんなだ)［　　］。

③

(何《なに》は)［　　］おいしい (なんだ)［　　です］。

(2) つぎの絵《え》を見《み》て、主語《しゅご》に　あう　述語《じゅつご》を――線《せん》で　むすびましょう。

①  花《はな》が　まいあさ　・　　・黄《き》色《いろ》だ。

②  たんぽぽの　花《はな》の　色《いろ》は　・　　・さく。

③  ひこうきが　空《そら》を　・　　・のりものだ。

④  しんかんせんは　・　　・とぶ。

主語《しゅご》と述語《じゅつご》に 気《き》をつけよう

主語《しゅご》と 述語《じゅつご》 ⑻
（文《ぶん》を つくる）

名前

● 絵《え》を 見《み》て、㋐と㋑の 主語《しゅご》に つづく ことばを □ から えらんで 文《ぶん》を つくりましょう。

①

㋐ ぼくは たくさん 食べる 。

㋑ この ぶどうは ＿＿＿＿ 。

・とても おいしい　・たくさん 食《た》べる

②

㋐ ぼくは ＿＿＿＿ 。

㋑ これは ＿＿＿＿ 。

・本《ほん》を 読《よ》む　・おもしろい お話《はなし》だ

③

㋐ わたしは ＿＿＿＿ 。

㋑ わたしの いえは ＿＿＿＿ 。

・学校《がっこう》から とおい　・学校《がっこう》へ 行《い》く

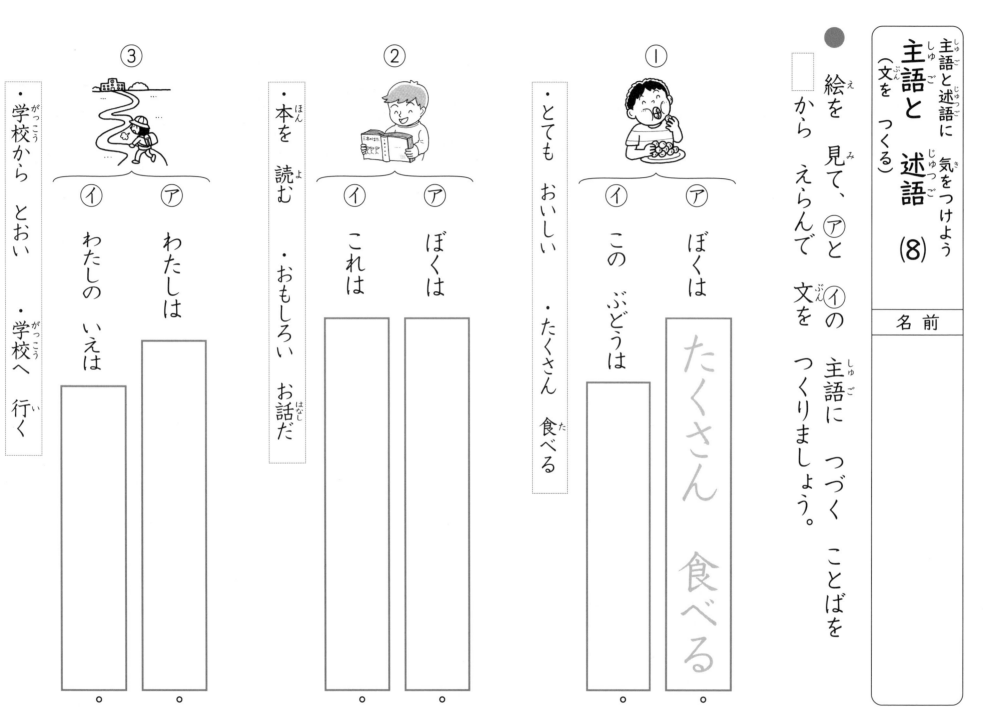

かん字《じ》の 読《よ》み方《かた》 (1)

名前

● つぎの かん字《じ》の ちがう 読《よ》み方《かた》に 気《き》を つけて、――線《せん》の 読《よ》み方《かた》を ひらがなで 書《か》きましょう。

① 九

九月 九日に、ぼくの おねえさんは 九さいに なりました。

② 日

今月《こんげつ》の 四日は 日曜日です。

③ 山

むこうに 見《み》える 山は ふじ山です。

④ 先

わたしは、先生より 先に 体《たい》いくかんに つきました。

⑤ 正

お正月に しせいを 正して 字《じ》を 書《か》きました。

⑥ 名

ぼくは つり名人に 魚《さかな》の 名前を たずねました。

一《ひと》つの かん字《じ》でも、ことばに よって ちがう 読《よ》み方《かた》を する ことが あります。

かん字《じ》の 読《よ》み方《かた》 (2)

名前

上

じょう
うえ
うわ
かみ
あ（げる）・あ（がる）
のぼ（る）

● つぎの ——線《せん》の 「上」の 字《じ》の 読《よ》み方《かた》を 書《か》きましょう。

① 台《だい》の 上に 立《た》つ。（　　　）

② 山《やま》の ちょう上から 町《まち》を 見《み》下《お》ろす。（　　　）

③ お父《とう》さんは、川《かわ》上で つりを して いる。（　　　）

④ 入《い》り口《ぐち》で 上ばきに はきかえる。（　　　）

⑤ 学《がっ》校《こう》の かいだんを 上る。（　　　）

⑥ 図《と》書《しょ》室《しつ》で かりた 本《ほん》を つみ上げる。（　　　）

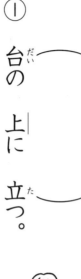

かん字《じ》の 読《よ》み方《かた》 (3)

名前

下

か
げ
した
しも
さ（げる）・さ（がる）
くだ（る）・くだ（す）・くだ（さる）
お（ろす）・お（りる）

「下」と いう かん字《じ》にも、たくさんの 読《よ》み方《かた》が あります。

● つぎの ——線《せん》の 「下」の 字《じ》の 読《よ》み方《かた》を 書《か》きましょう。

① 木《き》の 下で 本《ほん》を 読《よ》む。（　　　）

② 学校《がっこう》の ろう下を しずかに 歩《ある》く。（　　　）

③ きゅうな さか道《みち》を 下る。（　　　）

④ 同《おな》じ 町内《ちょうない》の 友《とも》だちと 下校《こう》する。（　　　）

⑤ おかあさんは、かいだんを ゆっくり 下りた。（　　　）

⑥ ももは、川下《かわ》の 方《ほう》へと ながれて いった。（　　　）

⑦ おきゃくさんに 頭《あたま》を 下げて あいさつする。（　　　）

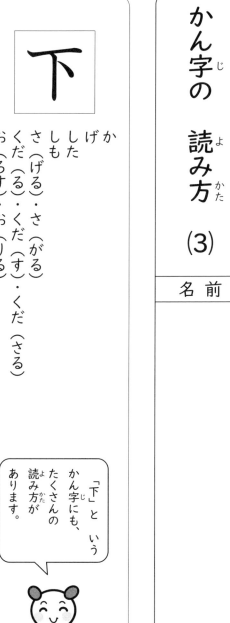

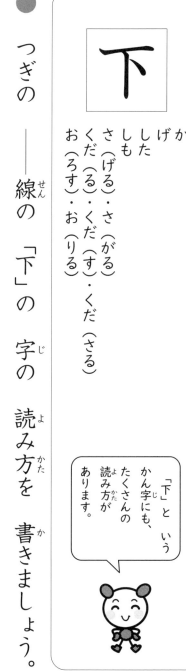

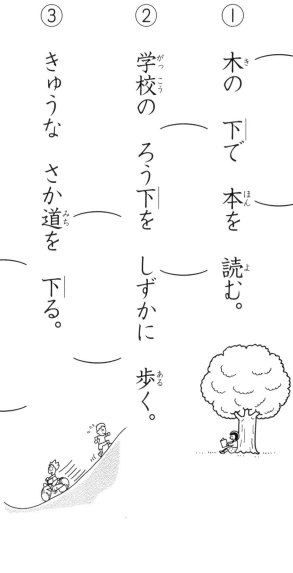

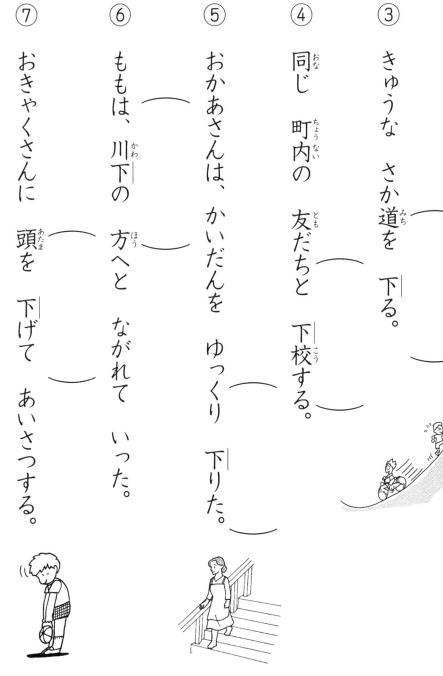

かん字《じ》の 読《よ》み方《かた》 (4)

名前

● つぎの かん字《じ》の、——線《せん》の ことばの 読《よ》み方《かた》を、おくりがなに 気《き》を つけて 書《か》きましょう。

① **出**

㋐ さいふから お金《かね》を 出す。（　　す）

㋑ げんかんから 外《そと》に 出る。（　　る）

② **入**

㋐ ランドセルに 教科書《きょうかしょ》を 入れる。（　　れる）

㋑ おにいさんの へやに 入る。（　　る）

③ **生**

㋐ かわいい 赤《あか》ちゃんが 生まれる。（　　まれる）

㋑ 元気《げんき》に 百《ひゃく》さいまで 生きる。（　　きる）

㋒ にわに 草《くさ》が 生える。（　　える）

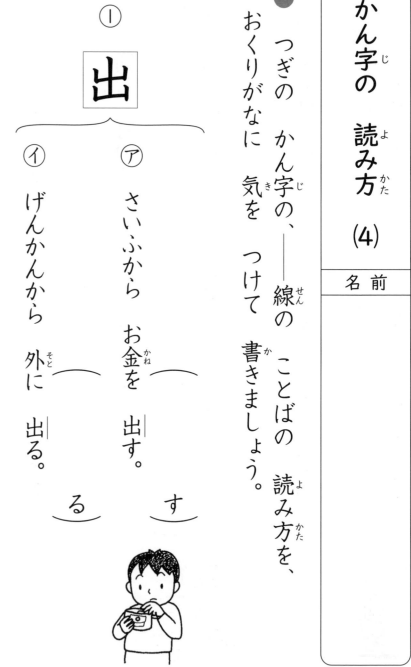

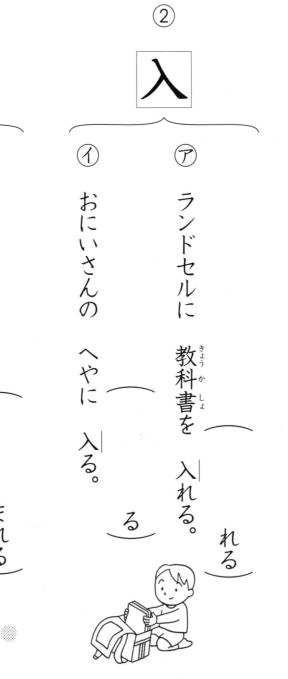

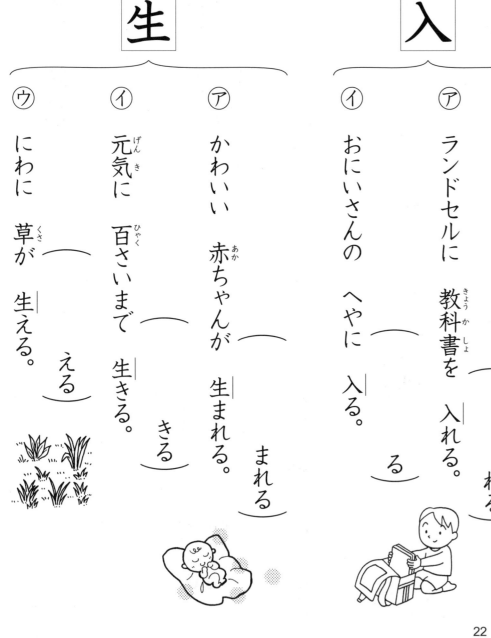

きせつの ことば3

秋《あき》が いっぱい (1)

名前

つぎの 秋《あき》の 絵《え》を 見《み》て、こたえましょう。

(1) 秋《あき》に かんけいの ある 草《くさ》や 木《き》や 花《はな》の 名前《なまえ》を 三《みっ》つ 書《か》きましょう。

(2) 秋《あき》に かんけいの ある 食《た》べものの 名前《なまえ》を 二《ふた》つ 書《か》きましょう。

(3) 秋《あき》に かんけいの ある 虫《むし》の 名前《なまえ》を 二《ふた》つ 書《か》きましょう。

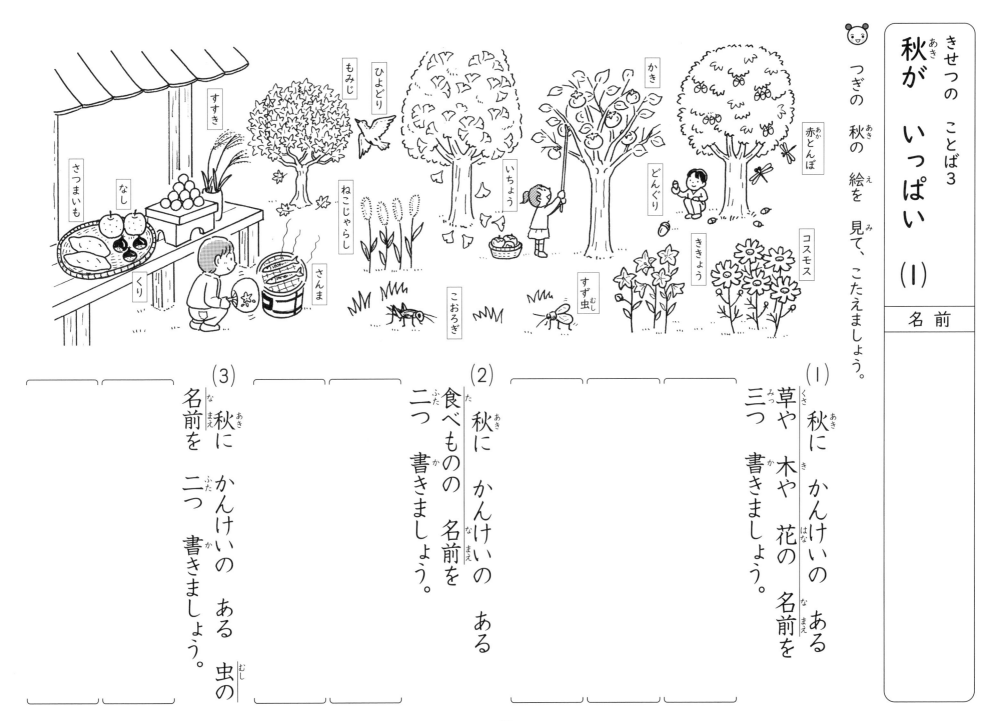

きせつの ことば3

秋《あき》が いっぱい ⑵

名前

つぎの しを 二回《にかい》 読《よ》んで、こたえましょう。

やま

かんざわ としこ

ゆうべの あめが
すっきり はれて
Ⓐ やまは ごきげん
Ⓘ あかい きいろい
もみじきて
Ⓤ くもを だっこして
すわってる

（令和二年度版 光村図書 国語二下 赤とんぼ かんざわ としこ）

⑴ いま、やまは、どんな 天気《てんき》ですか。○を つけましょう。

（ ）あめ

（ ）はれ

⑵ やまは どんな 気分《きぶん》ですか。やまの 気分《きぶん》を あらわして いる ことばを しの 中《なか》の 四文字《よんもじ》で 書《か》きましょう。

⑶ Ⓐ〜Ⓤでは、やまは 何《なん》の ように 書《か》かれて いますか。○を つけましょう。

（ ）にんげんの ように。

（ ）しょくぶつの ように。

⑷ Ⓐ〜Ⓤの うち、きせつが 秋《あき》だと 分《わ》かる ところは、どれですか。記《き》ごうで こたえましょう。

そうだんに のって ください

名前

さとうさんの クラスでは、こんど、町《まち》たんけんで パンやさんに 行《い》きます。さとうさんは、パンやさんで どんな ことを きくと よいかを 友《とも》だちに そうだん する ことに しました。つぎの そうだんの 話《はな》し合《あ》いの 文《ぶん》しょうを 読《よ》んで、こたえましょう。

さとう こんどの 町《まち》たんけんで わたしは、パンの しゅるいに ついて きく つもりですが、ほかに 何《なに》を きけば いいと 思《おも》いますか。

すずき しゅるいを きいた あとで、お店《みせ》で いちばん 人気《にんき》が ある パンは どれかを きくと いいと 思《おも》います。

やまの 人気《にんき》が ある パンの 名前《なまえ》を きくのですね。ほかには、パンやさんが どうして その しごとを えらんだのかを きいて みるのは どうですか。

たなか いいですね。ぼくも 同《おな》じ ことを 考《かんが》えて いました。

さとう では、パンやさんでは、パンの しゅるい、お店《みせ》で 人気《にんき》の パン、そして、パンやさんに なった わけに ついて きいて みたいと 思《おも》います。

(1) この「話《はな》し合《あ》い」で、みんなに そうだんを して いる 人《ひと》は、だれですか。

（　　　　）さん

(2) この「話《はな》し合《あ》い」で、すずきさんの 言《い》った ことを くりかえして たしかめて いる 人《ひと》は、だれですか。

（　　　　）さん

(3) この「話《はな》し合《あ》い」で、ほかの 人《ひと》の 話《はなし》を 聞《き》いて、じぶんの 考《かんが》えと 同《おな》じだと みんなに つたえた 人《ひと》は、だれですか。

（　　　　）さん

馬《うま》のおもちゃの作《つく》り方《かた》 (1)

名前

つぎの 文《ぶん》しょうは、「馬《うま》のおもちゃの作《つく》り方《かた》」を せつめいしている 文《ぶん》しょうの つづきです。この 文《ぶん》しょうを 二回《にかい》 読《よ》んで、こたえましょう。

1

〔まず、馬《うま》の体《からだ》や あしになる ぶひんを 作《つく》り、つぎに、馬《うま》の体《からだ》を 作《つく》ります。〕

それから、馬《うま》のあしを 作《つく》ります。一《ひと》つのあしの ぶひんから、十二《じゅうに》センチメートルの 細長《ほそなが》い四角形《しかくけい》を 二《ふた》つ 切《き》り出《だ》します。㋐四《よっ》つできたら、それぞれ かたほうのはしを 二《に》センチメートル おりまげます。その後《あと》、※しゃしんのように、おりまげたところを おなかにとめます。

2

さいごに、顔《かお》を作《つく》ります。色画用紙《いろがようし》を、たて九《きゅう》センチメートル、よこ四《よん》センチメートルの 形《かたち》に切《き》ります。目《め》やはなをつけたら、首《くび》の 上《うえ》にはり、耳《みみ》をつけます。㋑、馬《うま》の おもちゃのできあがりです。

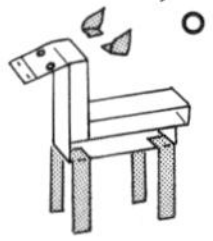

※本文は教科書通り「しゃしんのように」と書いていますが、本書では、写真ではなく図を入れています。
（令和二年度版 光村図書 国語二下 赤とんぼ みやもと えつよし）

1

(1) 上《うえ》の 文《ぶん》しょうでは、馬《うま》の おもちゃの どの ぶぶんの 作《つく》り方《かた》を せつめいして いますか。一《ひと》つに ○を つけましょう。

（　）馬《うま》の 体《からだ》
（　）馬《うま》の あし
（　）馬《うま》の 顔《かお》

(2) ㋐四《よっ》つできたらとは、どんな ものが 四《よっ》つ できた ときの ことですか。

［　　］センチメートルの ［　　］。

2

(1) ㋑に あてはまる ことばに ○を つけましょう。

（　）つぎに　（　）これで

(2) 馬《うま》の 顔《かお》を 首《くび》の 上《うえ》に はって、耳《みみ》を つけると、何《なに》が できあがりましたか。

［　　］

馬《うま》のおもちゃの作《つく》り方《かた》 (2)

名前

教科書《きょうかしょ》の「馬《うま》のおもちゃの作《つく》り方《かた》」を 読《よ》んで、こたえましょう。

● ①〜④は、馬《うま》の おもちゃの 作《つく》り方《かた》の じゅんに なって います。
（　）に あてはまる ことばを □ から えらんで 書《か》きましょう。

①

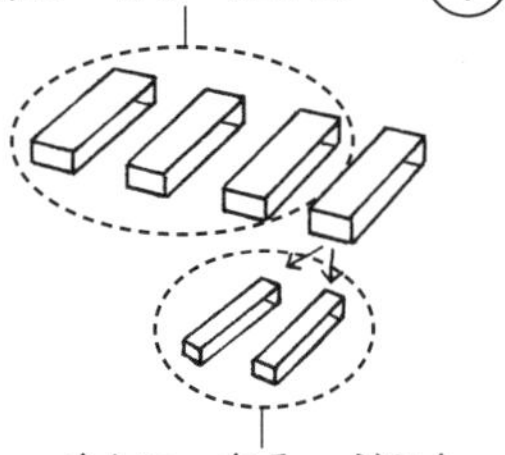

（　　　）、馬《うま》の 体《からだ》や あしに なる ぶひんを、空《あ》きばこを 切《き》り出《だ》して 作《つく》ります。

②

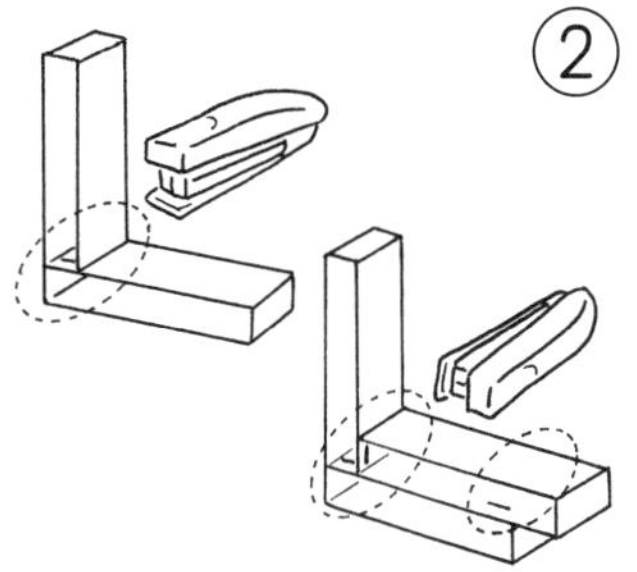

（　　　）、馬《うま》の 体《からだ》を 作《つく》ります。馬《うま》の おなかと 首《くび》が かさなった ところを ホチキスで とめ、その後《あと》、せなかも ホチキスで とめます。これで、馬《うま》の 体《からだ》が できました。

③

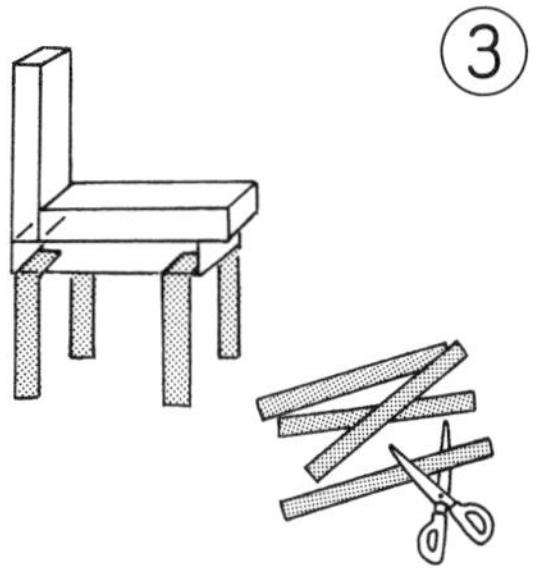

（それから）、馬《うま》の あしを 作《つく》ります。あしの ぶひんを 四《よっ》つに 切《き》り出《だ》し、おなかに とめます。

④

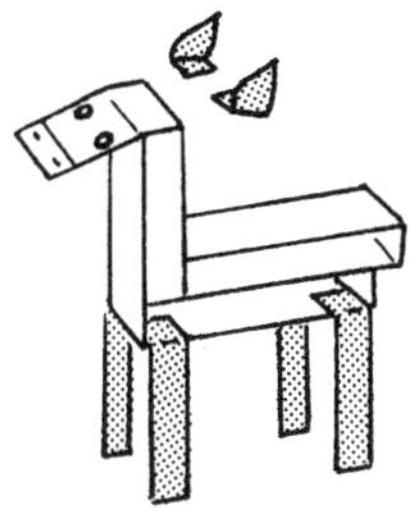

（　　　）、顔《かお》を 作《つく》ります。目《め》や はなを つけたら、首《くび》の 上《うえ》に はり、耳《みみ》を つけます。（　　　）、馬《うま》の おもちゃの できあがりです。

・さいごに　・まず　・これで　・つぎに　・それから

おもちゃの作《つく》り方《かた》をせつめいしよう（1）

名前

つぎの 文《ぶん》しょうは、「けん玉《だま》の作《つく》り方《かた》」を せつめいしている 文《ぶん》しょうです。
この 文《ぶん》しょうを 二回《にかい》 読《よ》んで、こたえましょう。

1

けん玉《だま》の作《つく》り方《かた》

ささき まな

まつぼっくりをつかった、けん玉《だま》の作《つく》り方《かた》をせつめいします。

〈 ア とどうぐ〉

・まつぼっくり 一《ひと》つ
・毛糸《けいと》（つくえのよこの長《なが》さ）
・紙《かみ》コップ 二《ふた》つ
・ガムテープ
・カラーペン

2

〈作《つく》り方《かた》〉

イ、毛糸《けいと》のはしを、まつぼっくりにまきつけます。そして、とれないように、きつくむすびます。

ウ、毛糸《けいと》のはんたいがわのはしを、紙《かみ》コップのそこにつけます。ガムテープで、毛糸《けいと》をとめます。

（令和二年度版　光村図書　国語二下　赤とんぼ「おもちゃの作り方をせつめいしよう」による）

1

(1) ア に あてはまる ことば 一《ひと》つに ○を つけましょう。

（　）ざいりょう
（　）作《つく》り方《かた》
（　）あそび方《かた》

(2) けん玉《だま》を 作《つく》るのに、紙《かみ》コップは いくつ つかいますか。

［　　　　］

2

(1) イ と ウ に あてはまる ことばを □から えらんで 書《か》きましょう。

・つぎに　・まず

イ ［　　　］

ウ ［　　　］

(2) 毛糸《けいと》の はしを まつぼっくりに つけたら、その はんたいがわの はしは、どこに つけますか。

［　　　　］

おもちゃの作《つく》り方《かた》をせつめいしよう ⑵

名前

つぎの　文《ぶん》しょうは、「けん玉《だま》の作《つく》り方《かた》」を　せつめいしている　文《ぶん》しょうの　つづきです。この　文《ぶん》しょうを　二回《にかい》　読《よ》んで、こたえましょう。

1

〈作《つく》り方《かた》〉
まず、毛糸《けいと》のはしを、まつぼっくりにまきつけます。
そして、とれないように、きつくむすびます。
つぎに、毛糸《けいと》のはんたいがわのはしを、紙《かみ》コップのそこにつけます。ガムテープで、毛糸《けいと》をとめます。

［㋐］、その毛糸《けいと》をはさむようにして、もう一《ひと》つの紙《かみ》コップをのせます。コップのそことそこをぴったり合《あ》わせて、ガムテープでしっかりとめます。

紙《かみ》コップに、カラーペンできれいなもようをつけて、［㋑］です。

2

〈あそび方《かた》〉
二《ふた》つの紙《かみ》コップに、じゅんばんにまつぼっくりを入《い》れてあそびます。
何回《なんかい》つづけてできるか、数《かぞ》えるとたのしいですよ。

（令和二年度版　光村図書　国語二下　赤とんぼ「おもちゃの作り方をせつめいしよう」による）

1

⑴　［㋐］に　あてはまる　ことばに　○を　つけましょう。
（　）はじめに
（　）それから

⑵　二《ふた》つの紙《かみ》コップの　そこと　そこを　合《あ》わせて　とめる　とき、何《なに》を　つかいますか。

［　　　　　　］

⑶　［㋑］に　あてはまる　ことばに　○を　つけましょう。
（　）はじまり
（　）できあがり

2

2の　文《ぶん》しょうは、「まつぼっくりを　つかった　けん玉《だま》」の、何《なに》を　せつめいした　文《ぶん》しょうですか。一《ひと》つに　○を　つけましょう。
（　）あそび方《かた》
（　）作《つく》り方《かた》
（　）じゅんびする　もの

かたかなで 書《か》く ことば (1)

名前

(1) ——線《せん》の かたかなの ことばは、□の 中《なか》の どの なかまに なりますか。記《き》ごうで こたえましょう。

① ねこが ニャーオと なく。

② エジソンは ゆうめいな はつめい家《か》です。

③ お寺《てら》の かねが ゴーンと 鳴《な》る。

④ 金色《きんいろ》の メダルを 首《くび》に かけた。

㋐ どうぶつの 鳴《な》き声《ごえ》
㋑ いろいろな ものの 音《おと》
㋒ 外国《がいこく》から 来《き》た ことば
㋓ 外国《がいこく》の、国《くに》や 土地《とち》、人《ひと》の 名前《なまえ》

(2) かたかなで 書《か》く ことばを 一《ひと》つずつ えらんで ○を つけましょう。

①
( )いんど
( )ふじさん
( )とうきょう

②
( )えんぴつ
( )のうと
( )こくご

かたかなで 書《か》く ことば (2)

名前

● つぎの ①〜④は、かたかなで 書《か》く ことばです。
①〜④に あてはまる ことばを □ から 二《ふた》つずつ えらんで かたかなで 書《か》きましょう。

① どうぶつの 鳴《な》き声《ごえ》

ワンワン

② いろいろな ものの 音《おと》

③ 外国《がいこく》から 来《き》た ことば

④ 外国《がいこく》の、国《くに》や 土地《とち》、人《ひと》の 名前《なまえ》

わんわん ・ あめりか ・ さっかー ・ びゅーびゅー
ごろごろ ・ ぴあの ・ しんでれら ・ こけこっこー

かたかなで 書《か》く ことば (3)

名前

(1) つぎの 生《い》きものの 名前《なまえ》と 鳴《な》き声《ごえ》を ——線《せん》で むすびましょう。

①  ぶた・　　・ヒヒーン

②  うし・　　・ブーブー

③  うま・　　・メーメー

④  せみ・　　・モーモー

⑤  やぎ・　　・チュンチュン

⑥  すずめ・　　・ミーンミーン

(2) つぎの どうぶつの 名前《なまえ》は、かたかなで 書《か》く ことばです。名前《なまえ》を かたかなで 書《か》きましょう。

①  ぱんだ

②  こあら

③  らいおん

④  ぺんぎん

かたかなで 書《か》く ことば (4)

名前

● 絵《え》に あう、ものの 音《おん》を あらわす ことばを □ から えらんで、かたかなに なおして 書《か》きましょう。

① 
雨《あめ》が ザーザー と はげしく ふる。

② 
雨戸《あまど》を □ と あける。

③ 
まどガラスが □ と われた。

④ 
ふみきりで □ と 音《おと》が 鳴《な》りだした。

⑤ 
電車《でんしゃ》が □ と やって来《く》る。

⑥ 
ドアの チャイムが □ と 鳴《な》る。

ざーざー ・ がっしゃーん ・ かんかん
がらがら ・ ぴんぽーん ・ がたんごとん

かたかなで 書《か》く ことば (5)

名前

(1) つぎの ことばは かたかなで 書《か》く ことばです。
ひらがなを かたかなに なおして 書《か》きましょう。

① とらんぷ

② ぷれぜんと

③ てーぶる

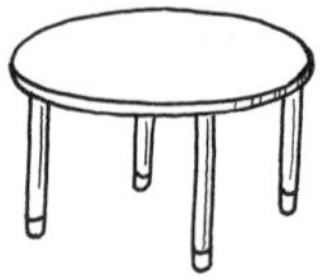

④ ぴっちゃー

(2) かたかなで 書《か》く ことばを えらんで ○を つけましょう。
また、えらんだ ことばを かたかなで 書《か》きなおしましょう。

① (　)かばん　(　)らんどせる

② (　)しちゅー　(　)みそしる

③ (　)れすとらん　(　)としょかん

④ (　)くりすます　(　)しょうがつ

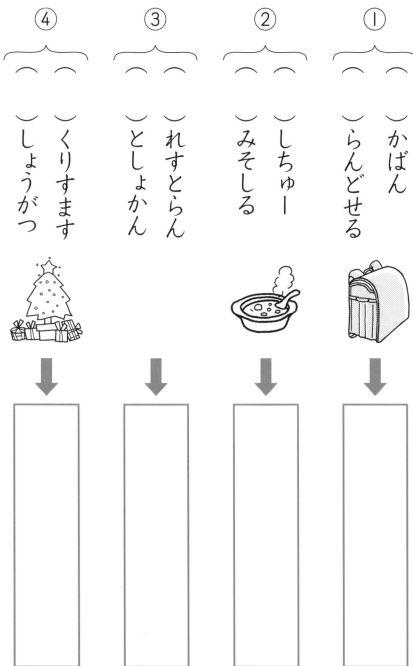

かたかなで 書《か》く ことば (6)

名前

(1) つぎの ——線《せん》の ことばを かたかなで 書《か》きましょう。

① 兄《あに》は ㋐まらそんの 大会《たいかい》で ㋑ごーるまで 走《はし》りきった。

㋐

㋑

② ㋐こっぷが われて、子犬《こいぬ》が、㋑きゃんきゃんと ないた。

㋐

㋑

(2) つぎの 文《ぶん》の 中《なか》で かたかなで 書《か》く ことばに ——線《せん》を ひき、□に かたかなで 書《か》きましょう。

① だれかが 戸《と》を どんどんと たたく。

ドンドン

② わたしは、ふらんすへ 行《い》ってみたい。

③ ねずみが ちゅーちゅーと 鳴《な》く。

「どうぶつの 鳴《な》き声《ごえ》」や、「ものの 音《おと》」、「外国《がいこく》の 名前《なまえ》」などは、かたかなで 書《か》く ことばです。

かたかなで 書《か》く ことば (7)

名前

● つぎの 文《ぶん》の 中《なか》で かたかなで 書《か》く ことばに ——線《せん》を ひき、□に かたかなで 書《か》きましょう。

① いぎりすの 人《ひと》は えいごを 話《はな》す。

② かえるが けろけろと 鳴《な》く。

③ しんでれらの 絵本《えほん》を 読《よ》む。

④ 毎朝《まいあさ》 よーぐるとを 食《た》べる。

⑤ 手《て》を ぱちぱちと たたく。

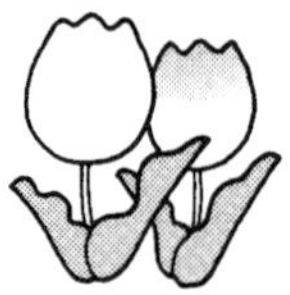

⑥ ちゅーりっぷの 花《はな》が さく。

かたかなで 書《か》く ことば (8)

名前

つぎの 文《ぶん》の 中《なか》で かたかなで 書《か》く ことばを 二《ふた》つずつ さがして ――線《せん》を ひき、□に かたかなで 書《か》きましょう。

① れすとらんの めにゅーを 見《み》る。

② らいおんが 岩《いわ》の 上《うえ》で がおーと ほえる。

③ 風《かぜ》が ぴゅーぴゅーと ふいて、まどが がたがたと 鳴《な》る。

④ おるがんの 音《おと》に 合《あ》わせて、かすたねっとを たたく。

⑤ ぴざは、いたりあから 来《き》た 食《た》べものです。

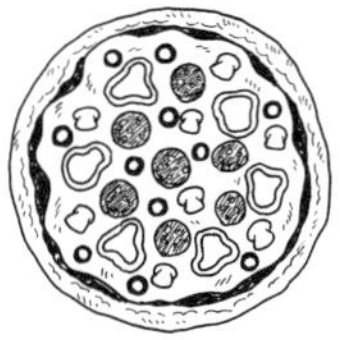

せかい一《いち》の話《はなし》 (1)

名前

つぎの 文《ぶん》しょうを 二回《にかい》 読《よ》んで、こたえましょう。

1

むかあしむかし、
津軽《つがる》の国《くに》の、
八甲田山《はっこうださん》の てっぺんに、
でっかい（大《おお》きい）わしが
すんでたと。

※津軽《つがる》…青森県《あおもりけん》の 西《にし》の 方《ほう》の よび名《な》。
※八甲田山《はっこうださん》…青森県《あおもりけん》に ある 高《たか》さ 一八一五《せんはっぴゃくじゅうご》メートルの 大《おお》きな 山《やま》。

2

㋐バホラと 一《いっ》ぺん はばたけば、
まるで 大風《おおかぜ》 ふいたよう。
山《やま》の 大木《たいぼく》は 根元《ねもと》から、
ボッキボッキと おれとぶし、
谷川《たにがわ》の 水《みず》は さかさまに、
上《うえ》へ ながれて いくんだと。

（令和二年度版 光村図書 国語二下 赤とんぼ きた しょうすけ）

1

(1) むかし話《ばなし》の はじめに よく つかわれる ことばは、上《うえ》の 文《ぶん》しょうでは、何《なん》と 書《か》かれて いますか。

(2) 八甲田山《はっこうださん》の てっぺんに すんで いたのは、どんな どうぶつですか。一《ひと》つに ○を つけましょう。

（　）大《おお》きな わし。
（　）大《おお》きな わに。
（　）大《おお》きな えび。

2

(1) ㋐バホラとは、何《なん》ですか。一《ひと》つに ○を つけましょう。

（　）大《おお》わしの 名前《なまえ》。
（　）大《おお》わしが はばたく 音《おと》。
（　）大木《たいぼく》が おれる 音《おと》。

(2) 大《おお》わしが 一《いっ》ぺん はばたけば、まるで 何《なに》が ふいたようですか。

全文読解《ぜんぶんどっかい》

せかい一《いち》の話《はなし》 (2)

名前

教科書《きょうかしょ》の「せかい一《いち》の話《はなし》」を 読《よ》んでもらって、こたえましょう。

(1) ①〜④は、お話《はなし》に 出《で》て くる どうぶつを 出《で》て くる じゅんに ならべた ものです。どうぶつの 名前《なまえ》を □ から えらんで 書《か》きましょう。

①

（　　　　）

②

（　　　　）

③

（　　　　）

④

（　　　　）

・大《おお》わし　・くじら
・海《うみ》がめ　・でかえび

(2) 大《おお》わしは 何《なに》を するために たびに 出《で》かけたのですか。○を つけましょう。

（　）せかい一《いち》 大《おお》きい じぶんを だれかに 見《み》せて いばるため。

（　）せかい一《いち》 大《おお》きい どうぶつを さがすため。

(3) (1)の 中《なか》で、大《おお》わしに ①〜④の どうぶつの せかいめぐりに かわって 出《で》かけて いったのは、どの どうぶつですか。名前《なまえ》を 書《か》きましょう。

（　　　　）

(4) お話《はなし》の 中《なか》で 出《で》て くる どうぶつの 大《おお》きさは、だんだん どう なって いきましたか。一《ひと》つに ○を つけましょう。

（　）だんだん 小《ちい》さく なって いった。

（　）だんだん 大《おお》きく なって いった。

（　）かわらなかった。

わたしはおねえさん (1)

名前

つぎの 文《ぶん》しょうを 二回《にかい》 読《よ》んで、答《こた》えましょう。

二年生《にねんせい》の すみれちゃんは、ある 日曜日《にちようび》の 朝《あさ》、えらい おねえさんに なって、しゅくだいを しようと、つくえの 上《うえ》に ノートを 広《ひろ》げました。
でも、花《か》だんの コスモスが 気《き》に なった すみれちゃんは、ノートを そのままに して、先《さき》に にわに 出《で》て 水《みず》やりを しました。

さて、その間《あいだ》に、すみれちゃんのへやでは ㋐ちょっとしたことが おきていました。

出《だ》しっぱなしの すみれちゃんのノートに、二《に》さいになった 妹《いもうと》の かりんちゃんが、えんぴつで、何《なに》かを かきはじめたのです。

（令和二年度版　光村図書　国語二下　赤とんぼ　いしい　むつみ）

(1) すみれちゃんが にわに 出《で》て 水《みず》やりを して いる 間《あいだ》に、㋐ちょっとしたことが どこで おきて いましたか。

(2) ㋐ちょっとしたこととは、だれが、何《なに》に、どう した ことですか。

・だれ（が）　［　　］が

・何《なに》（に）　すみれちゃんの［　　］に

・どう した（こと）　えんぴつで、何《なに》かを［　　］こと。

(3) すみれちゃんの 妹《いもうと》は 何《なん》さいですか。

わたしはおねえさん (2)

名前

つぎの 文《ぶん》しょうを 二回《にかい》 読《よ》んで、答《こた》えましょう。

1

（すみれちゃんが、にわに 出《で》て 水《みず》やりを して いる 間《あいだ》に、妹《いもうと》の かりんちゃんは、すみれちゃんのノートに 何《なに》かを かきはじめました。）

すみれちゃんが
水《みず》やりからもどってくると、
かりんちゃんは、まだ
かいているさいちゅう
でした。すみれちゃんは
おどろいて、
あ「かりん、何《なに》してるの。」
とききました。
い「おべんきょ。」
と、かりんちゃんが
言《い》いました。

2

う「もう、かりんたら、もう。」
と、すみれちゃんは
言《い》いました。
半分《はんぶん》ぐらい、なきそう
でした。もう半分《はんぶん》は、
おこりそうでした。

1

(1) あ、いは、それぞれ、だれが 言《い》った ことばですか。

あ ＿＿＿＿

い ＿＿＿＿

(2) すみれちゃんは、どんな ことに おどろきましたか。○を つけましょう。

（　）かりんちゃんが すみれちゃんの へやに いたこと。

（　）かりんちゃんが すみれちゃんの ノートに 何《なに》かを かいて いる こと。

2

うの ことばを 言《い》った とき、すみれちゃんは どんな ようすでしたか。

半分《はんぶん》ぐらい、＿＿＿＿で、もう半分《はんぶん》は、＿＿＿＿だった。

（令和二年度版 光村図書 国語二下 赤とんぼ いしい むつみ）

わたしはおねえさん (3)

名前

つぎの 文《ぶん》しょうを 二回《にかい》 読《よ》んで、答《こた》えましょう。

1

すみれちゃんには、
自分《じぶん》が、なきたいのか
おこりたいのか
分《わ》かりませんでした。
それで、じっと、
ノートを見《み》ていました。
かりんちゃんがかいた
ぐちゃぐちゃの
ものを見《み》て
いました。

2

「何《なに》よ、(ア)これ。」
と、すみれちゃんは言《い》いました。
すみれちゃんは、それが
何《なに》か、知《し》りたかったわけでは
ありませんでした。
(イ)、かりんちゃんは、
「お花《はな》。」
と答《こた》えました。

（令和二年度版 光村図書 国語二下 赤とんぼ いしい むつみ）

1

(1) すみれちゃんは、ノートの、何《なに》を じっと 見《み》て いたのですか。

かりんちゃんが かいた ［　　　］ の もの。

(2) すみれちゃんが じっと ノートを 見《み》て いたのは、なぜですか。

自分《じぶん》が、［　　　］ 分《わ》からなかったから。

2

(1) (ア)これとは、何《なん》の ことですか。○を つけましょう。

（　）ノート。
（　）かりんちゃんが ノートに かいた もの。

(2) (イ)に あてはまる ことばに 一《ひと》つに ○を つけましょう。

（　）だから
（　）けれど
（　）やっぱり

わたしはおねえさん (4)

名前

つぎの 文《ぶん》しょうを 二回《にかい》 読《よ》んで、答《こた》えましょう。

1

あ「お花《はな》。これがお花《はな》なの。」
そう言《い》うと、すみれちゃんは、かりんちゃんを見《み》ました。
かりんちゃんは、「そう。」と言《い》うように ア うなずきました。それから、まどの外《そと》をゆびさして、もういちど、
い「お花《はな》。」
と言《い》いました。

2

イ そこには、すみれちゃんが水《みず》をやったばかりのコスモスがさいています。
すみれちゃんは、もういちど、ノートを見《み》ました。じっと。ずっと。

（令和二年度版　光村図書　国語二下　赤とんぼ　いしい　むつみ）

1

(1) あ、いは、それぞれ、だれが言《い》った ことばですか。

あ ＿＿＿＿

い ＿＿＿＿

(2) ア うなずきましたと おなじ ことを あらわす ことばに ○を つけましょう。

（　）首《くび》を たてに ふりました。

（　）首《くび》を よこに ふりました。

2

(1) イ そことは、どこの ことですか。○を つけましょう。

（　）かりんちゃんが ゆびを さした、まどの 外《そと》。

（　）かりんちゃんが ノートに かいた もの。

(2) かりんちゃんは、ノートに 何《なに》を かいた つもりだったのですか。

□□□□ の 花《はな》。

わたしはおねえさん ⑸

名前

つぎの 文《ぶん》しょうを 二回《にかい》 読《よ》んで、答《こた》えましょう。

1

「あはは。」
すみれちゃんは
わらいだしました。
コスモスになんか
ちっとも見《み》えない
ぐちゃぐちゃの絵《え》が、
かわいく見《み》えて
きたのです。
「あはは。」
と、かりんちゃんも
わらいだしました。

2

それから、ふたりで
たくさんわらって、わらって、
わらいおわると、
すみれちゃんは言《い》いました。
「じゃあ、かりん。
こんどは ㋐ねえねが
おべんきょうするから、
ちょっとどいてね。」
「いいよ。」

（令和二年度版 光村図書 国語二下 赤とんぼ いしい むつみ）

1

(1) すみれちゃんが 「あはは。」と わらいだしたのは、なぜですか。

[ ] の 絵《え》が、[ ] 見《み》えてきたから。

(2) すみれちゃんが わらいだすと、かりんちゃんは どう しましたか。

かりんちゃんも [ ] 。

2

(1) すみれちゃんと かりんちゃんは、ふたりで どう しましたか。一《ひと》つに ○を つけましょう。

（ ）たくさん わらった。
（ ）おべんきょう した。
（ ）絵《え》を かいた。

(2) ㋐ねえねとは、だれの ことですか。

[ ]

わたしはおねえさん (6)

名前

つぎの 文《ぶん》しょうを 二回《にかい》 読《よ》んで、答《こた》えましょう。

1

かりんちゃんが
いすから下《お》りて、
そのいすに　すみれちゃんが
すわりました。
　すみれちゃんは、
ふでばこから　けしゴムを
出《だ》して、かりんちゃんが
かいた絵《え》を　けそうと
しました。

2

　けしかけて、　㋐
けすのをやめて、
すみれちゃんは、つぎの
ページをひらきました。

（令和二年度版　光村図書　国語二下　赤とんぼ　いしい　むつみ）

1

(1) すみれちゃんは、ふでばこから　何《なに》を　出《だ》しましたか。

(2) すみれちゃんが　けそうと　した　ものは、何《なん》ですか。

2

(1) ㋐に　あてはまる　ことばを　一《ひと》つに　○を　つけましょう。

（　）それで
（　）でも
（　）だから

(2) すみれちゃんは、かりんちゃんが　かいた　絵《え》を　どう　しましたか。

（　）けそうと　したが、けすのを　やめた。
（　）はじめから　けそうと　しなかった。

お話《はなし》の さくしゃに なろう

名前

じぶんが さくしゃに なって、お話《はなし》を 書《か》いて います。つぎの 文《ぶん》しょうを 読《よ》んで、答《こた》えましょう。

ぼくは、くまの プクプク。
おかあさんと、妹《いもうと》の
ピコピコと いっしょに
赤《あか》い やねの 小《ちい》さな 家《いえ》で
くらして いる。
きょうは、
ピコピコの
たんじょう日《び》。
とても 気《き》もちの
いい お天気《てんき》だ。

㋐ぼく□、ピコピコに
おいしい 魚《さかな》□ 食《た》べさせて
あげたくて、ちかくの 川《かわ》□
つりに 行《い》く ことに した。
出《で》かける とき、
おかあさんに
野原《のはら》で、お花《はな》も つんで
きて ちょうだい。
と たのまれた。ぼくは、
たくさん つんで くるよ。
と ㋑ 。

(1) 上《うえ》の 文《ぶん》しょうには、会話《かいわ》が 二《ふた》つ あります。かぎ（「」）を 二《に》かしょに つけましょう。

(2) 「㋐ぼく□、… した。」の 文《ぶん》の □に、「は・を・へ」の うち、あてはまる ひらがなを 一字《いちじ》ずつ 書《か》きましょう。

ぼく □ 、ピコピコに
おいしい 魚《さかな》 □ 食《た》べさせて あげたくて、
ちかくの 川《かわ》 □
つりに 行《い》く ことに した。

(3) ㋑ に あてはまる ことばを 一《ひと》つ えらんで ○を つけましょう。

（ ）きいた
（ ）たずねた
（ ）答《こた》えた

きせつの ことば4

冬《ふゆ》が いっぱい (1)

名前

つぎの 冬《ふゆ》の 絵《え》を 見《み》て、答《こた》えましょう。

● 冬《ふゆ》に かんけいの ある つぎの ①～⑤を さがして、名前《なまえ》を 一《ひと》つずつ 書《か》き ましょう。

① 花《はな》・草《くさ》・木《き》の 名前《なまえ》

② 虫《むし》・鳥《とり》の 名前《なまえ》

③ くだもの・やさいの 名前《なまえ》

④ あそびの 名前《なまえ》

⑤ さむい とき、体《からだ》を あたためる ものの 名前《なまえ》

きせつの ことば4

冬《ふゆ》が いっぱい (2)

名前

つぎの 詩《し》を 二回《にかい》 読《よ》んで、答《こた》えましょう。

ゆき （文部省唱歌《もんぶしょうしょうか》）

ゆきや こんこ
あられや こんこ
ふっては ふっては
ずんずん つもる
やまも のはらも
㋐わたぼうし かぶり
㋑かれき のこらず
はなが さく

※かれき…かれた 木《き》。

（令和二年度版 光村図書 国語二下 赤とんぼ 「冬がいっぱい」による）

(1) 冬《ふゆ》に 空《そら》から ふって くる ものを 詩《し》の 中《なか》から 二《ふた》つ さがして、書《か》きましょう。

［　　　］［　　　］

(2) ゆきは どんな ふうに つもって いますか。

［　　　］つもる

(3) ㋐わたぼうし かぶりとは、どんな ようすの ことですか。

［　　　］の ような ［　　　］が つもって いる ようす。

(4) ㋑かれき…さくとは、どんな ようすの ことですか。
○を つけましょう。

（　）木《き》に つもった ゆきが、花《はな》の ように 見《み》える ようす。

（　）春《はる》が ちかづき、かれた 木《き》に めが 出《で》て、花《はな》が さいた ようす。

ねこのこ

詩《し》の楽《たの》しみ方《かた》を見《み》つけよう

名前

つぎの 詩《し》を 二回《にかい》 読《よ》んで、答《こた》えましょう。

ねこのこ

おおくぼ ていこ

あくび ゆうゆう
あまえて ごろごろ
たまご ころころ
けいと もしゃもしゃ
かくれても ㋐ちりん
しかられて しゅん
よばれて つん
ミルクで にゃん

（令和二年度版 光村図書 国語二下 赤とんぼ おおくぼ ていこ）

(1) つぎの ①～④の ねこのこの ようすは、どんな ことばで 書《か》かれて いますか。

① あくびを して、ゆったりと して いる ようす。

ゆうゆう

② あまえて いる ようす。

③ たまごを ころがして いる ようす。

④ 毛糸《けいと》で あそんで いる ようす。

(2) ㋐ちりんの ように、音《おと》や ようすを あらわす、「ん」で おわる ことばが 四《よっ》つ あります。ぜんぶ 書《か》きましょう。

ちりん

詩《し》の楽《たの》しみ方《かた》を見《み》つけよう

おとのはなびら

名前

つぎの　詩《し》を　二回《にかい》　読《よ》んで、答《こた》えましょう。

おとのはなびら

のろ　さかん

ピアノのおとに　いろがついたら
ポロン　ピアノが　なるたびに
ポロン　ピアノが　なるたびに
おとのはなびら　へやにあふれて
　　にわにあふれて
おとのかだんを　つくるかしら

（令和二年度版　光村図書　国語二下　赤とんぼ　のろ　さかん）

(1) この　詩《し》で　くりかえされて　いる　一行《いちぎょう》を、書《か》き出《だ》しましょう。

(2) 「おとのはなびら」の「おと」とは、何《なん》の　音《おと》ですか。

の　音《おと》。

(3) 「おとのはなびら」は、どこに　あふれて　いますか。二《ふた》つ　書《か》きましょう。

(4) 「おとのはなびら」が　たくさん　あふれて　つくる　ものは　何《なん》ですか。

にた いみの ことば (1)

にたいみのことば、はんたいのいみのことば

名前

(1) つぎの ――線《せん》の ことばと にた いみの ことばを、□から えらんで 書《か》きましょう。

① 先生《せんせい》に 言《い》う。

話《はな》す ・ 聞《き》く

② うつくしい 夕日《ゆうひ》を 見《み》る。

小《ちい》さい ・ きれいな

(2) つぎの ――線《せん》の ことばと にた いみの ことばを、□から えらんで 書《か》きましょう。

① とびらを あける。

② 古《ふる》い 新聞《しんぶん》を ひもで しばる。

③ 友《とも》だちに 時間《じかん》を たずねる。

聞《き》く ・ ひらく ・ くくる

にた いみの ことば (2)

にたいみのことば、はんたいのいみのことば

名前

(1) つぎの ―線《せん》の ことばと にた いみの ことばを、□から えらんで 書《か》きましょう。

① まっすぐな 道《みち》を すすむ。

② 楽《たの》しい ときを すごす。

③ 考《かんが》えた 理由《りゆう》を 話《はな》す。

時間《じかん》・わけ・どうろ

(2) つぎの ―線《せん》の ことばと にた いみの ことばを、□から えらんで 書《か》きましょう。

① 星空《ほしぞら》を ながめる。

② おかあさんは にっこり ほほえむ。

③ 友《とも》だちに 弟《おとうと》の ことを しゃべる。

言《い》う・見《み》る・わらう

にたいみのことば、はんたいのいみのことば

はんたいの いみの ことば (1)

（なまえことば）

名前

(1) つぎの ことばと、はんたいの いみの ことばを 書《か》きましょう。
（①の 答《こた》えは かん字《じ》で 書《か》きましょう。）

① 上《うえ》

↕ ［　　］

② たて

↕ ［　　］

③ おとな

↕ ［　　］

(2) つぎの ——線《せん》の ことばと、はんたいの いみの ことばを ［　］ から えらんで 書《か》きましょう。

① 右《みぎ》へ まがる。

↕ ［　　］へ まがる。

② 家《いえ》の 中《なか》。

↕ 家《いえ》の ［　　］。

③ 前《まえ》を むく。

↕ ［　　］を むく。

外《そと》・左《ひだり》・後《うし》ろ

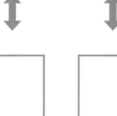

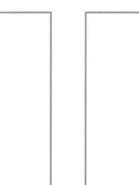

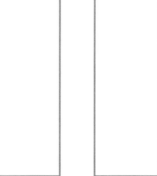

にたいみのことば、はんたいのいみのことば

はんたいの いみの ことば (2)

(ようすことば)

名前

● つぎの ―線《せん》の ことばと、はんたいの いみの ことばを 書《か》きましょう。

①

この 魚《さかな》は 大《おお》きい。

この 魚《さかな》は 　　　　　。

②

この かばんは 　　　　　。

この かばんは かるい。

③

この ロープは 　　　　　。

この ロープは みじかい。

④

りんごの 数《かず》が 　　　　　。

りんごの 数《かず》が 少《すく》ない。

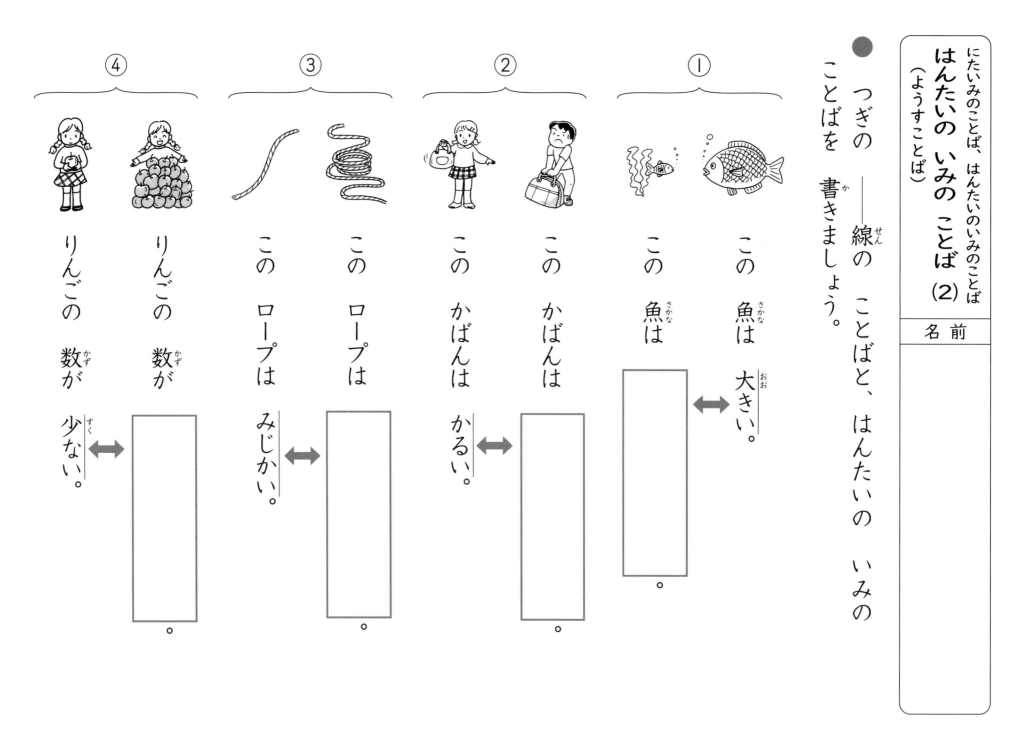

にたいみのことば、はんたいのいみのことば

はんたいの いみの ことば (3)

(ようすことば「あつい」)

名前

● つぎの ①〜③の 「あつい」の 絵《え》に あう はんたいの いみの ことばを、[ ] から えらんで 書《か》きましょう。

①

あつい お茶《ちゃ》。 ⟷ [ ] 水《みず》。

②

夏《なつ》は あつい。 ⟷ 冬《ふゆ》は [ ]。

③

あつい 本《ほん》。 ⟷ [ ] 本《ほん》。

さむい ・ うすい ・ つめたい

①は お茶《ちゃ》や 水《みず》の おんど、
②は きおん、
③は 本《ほん》の ぶあつさ
の ことを
あらわして いるね。

にたいみのことば、はんたいのいみのことば

はんたいの いみの ことば (4)

(ようすことば)

名前

● つぎの ——線《せん》の ことばと、はんたいの いみの ことばを □ から えらんで 書《か》きましょう。

① 近《ちか》い ところ。 ⇕ □ ところ。

② スピードが おそい。 ⇕ スピードが □。

③ 新《あたら》しい ノート。 ⇕ □ ノート。

④ 力《ちから》が つよい。 ⇕ 力《ちから》が □。

⑤ たかい 山《やま》。 ⇕ □ 山《やま》。

⑥ ねだんが たかい。 ⇕ ねだんが □。

ひくい ・ よわい ・ はやい
とおい ・ やすい ・ 古《ふる》い

⑤と ⑥は、どちらも「たかい」と いう ことばだけれど、はんたいの いみの ことばは ちがうんだね。

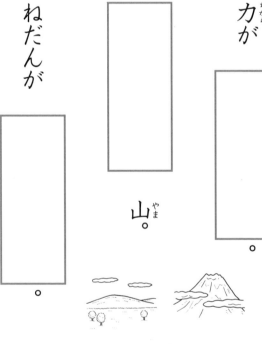

にたいみのことば、はんたいのいみのことば

はんたいの いみの ことば (5)

(うごきことば「ぬぐ」)

名前

● つぎの ①〜③の 「ぬぐ」の 絵《え》に あう はんたいの いみの ことばを、□ から えらんで 書《か》きましょう。

①

くつを ぬぐ。 ⟷ くつを □。

②

ふくを ぬぐ。 ⟷ ふくを □。

③

ぼうしを ぬぐ。 ⟷ ぼうしを □。

かぶる ・ きる ・ はく

ほかに、「ズボンを ぬぐ。」「くつ下《した》を ぬぐ。」の はんたいの いみの ことばも、①と 同《おな》じに なるよ。

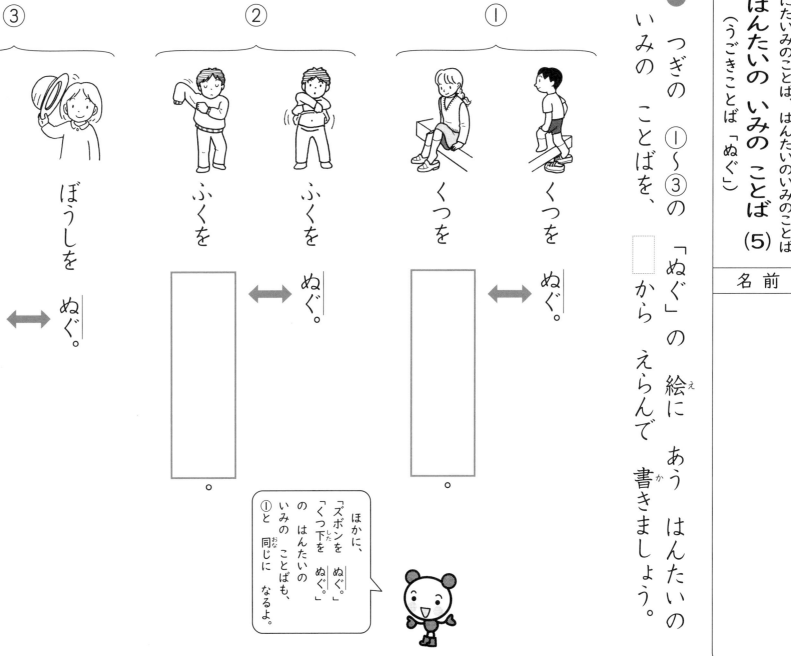

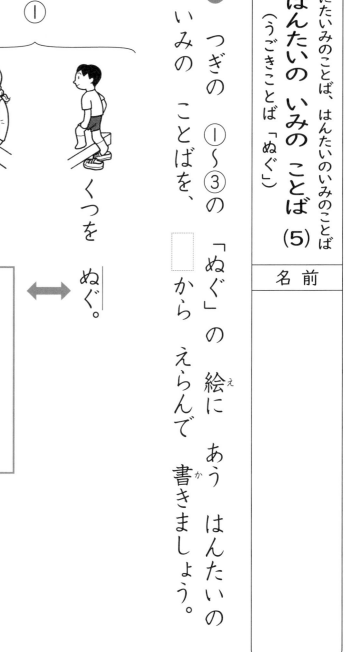

にたいみのことば、はんたいのいみのことば

はんたいの いみの ことば (6)

(うごきことば)

名前

● つぎの ――線《せん》の ことばと、はんたいの いみの ことばを □ から えらんで 書《か》きましょう。

① 山《やま》に のぼる。 ⇕ 山《やま》を [　　　　]。

② へやに 入《はい》る。 ⇕ へやを [　　　　]。

③ いすに すわる。 ⇕ いすの 前《まえ》に [　　　　]。

④ しあいに かつ。 ⇕ しあいに [　　　　]。

⑤ 車《くるま》が うごく。 ⇕ 車《くるま》が [　　　　]。

⑥ 朝《あさ》、早《はや》く おきる。 ⇕ 夜《よる》、早《はや》く [　　　　]。

ねる ・ 下《お》りる ・ とまる
立《た》つ ・ まける ・ 出《で》る

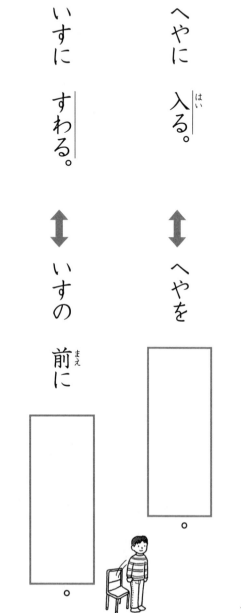

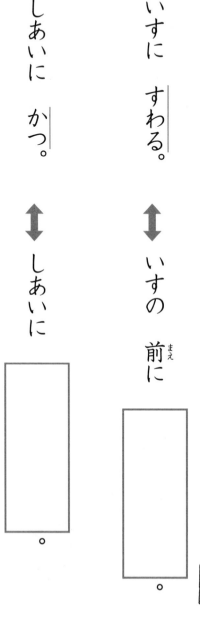

おにごっこ (1)

つぎの 文《ぶん》しょうを 二回《にかい》 読《よ》んで、こたえましょう。

名前

1

〔おにごっこには、さまざまな あそび方《かた》が あります。〕

あそび方《かた》の一《ひと》つに、「てつぼうよりむこうに にげてはだめ。」など、にげてはいけない ところを きめるものが あります。

2

にげる人《ひと》が、どこへでも 行《い》くことができたら、おには、つかまえるのが たいへんです。同《おな》じ人《ひと》が、ずっと、おにを することになるかも しれません。

にげてはいけないところを きめることで、おには、にげる人《ひと》をつかまえやすく なります。

（令和二年度版 光村図書 国語二下 赤とんぼ もりした はるみ）

1 おにごっこの あそび方《かた》の 一《ひと》つに どのような あそび方《かた》が あると、書《か》いて ありますか。

[　　　　] を きめる あそび方《かた》。

2 (1) にげる 人《ひと》が、どんな ことが できたら、おには、つかまえる のが たいへんですか。文《ぶん》しょう から 書《か》き出《だ》しましょう。

[　　　　]

(2) にげては いけない ところを きめる ことで、おには、どう なりますか。○を つけましょう。

（　）にげる 人《ひと》を つかまえる のが たいへんに なる。

（　）にげる 人《ひと》を つかまえ やすく なる。

おにごっこ (2)

名前

つぎの 文《ぶん》しょうを 二回《にかい》 読《よ》んで、こたえましょう。

〔おにごっこの さまざまな あそび方《かた》について せつめいして いる 文《ぶん》しょうです。〕

また、
「じめんにかいた
丸《まる》の中《なか》にいれば、
つかまらない。」
「木《き》にさわっていれば、
つかまらない。」
のように、
にげる人《ひと》だけが
入《はい》れるところを作《つく》ったり、
つかまらないときを
きめたりする
あそび方《かた》もあります。

（令和二年度版　光村図書　国語二下　赤とんぼ　もりした　はるみ）

(1) おにごっこの、どんな あそび方《かた》が ありますか。

にげる 人《ひと》だけが
［　　　　］を 作《つく》ったり、
［　　　　］を きめたりする あそび方《かた》。

(2) この あそび方《かた》の れいと して どのように して いれば、つかまらない あそび方《かた》が 書《か》いて あり ますか。二《ふた》つ 書《か》きましょう。

［　　　　］いれば、つかまらない。

［　　　　］いれば、つかまらない。

おにごっこ (3)

名前

つぎの 文《ぶん》しょうを 二回《にかい》 読《よ》んで、こたえましょう。

1

「にげる 人《ひと》だけが 入《はい》れる ところを 作《つく》ったり、つかまらない ときを きめたり する」と いう おにごっこの あそび方《かた》に ついて せつめいして いる 文《ぶん》しょうの つづきです。

おにになった人《ひと》の足《あし》がはやければ、にげる人《ひと》はみんな、すぐにつかまってしまいます。

2

㋐このようにきめることで、にげる人《ひと》がかんたんにはつかまらないようになります。そして、つかれた人《ひと》も、走《はし》るのがにがてな人《ひと》も、すぐにはつかまらずに、あそぶことができます。

（令和二年度版　光村図書　国語二下　赤とんぼ　もりした　はるみ）

1

おにに なった 人《ひと》の 足《あし》が はやければ、どう なりますか。

[　　　　] 人《ひと》は みんな、[　　　　] しまいます。

2

(1) ㋐このようにきめると、にげる 人《ひと》は どう なりますか。

○を つけましょう。

（　）にげる 人《ひと》が、おにに つかまりやすく なる。

（　）にげる 人《ひと》が、おにに すぐには つかまらないように なる。

(2) ㋐このようにきめると、にげる 人《ひと》が どのような 人《ひと》の ときも、すぐには つかまらないと 書《か》いて ありますか。

二《ふた》つ 書《か》きましょう。

おにごっこ (4)

名前

つぎの 文《ぶん》しょうを 二回《にかい》 読《よ》んで、こたえましょう。

1

〔おにごっこの さまざまな あそび方《かた》に ついて せつめいして いる 文《ぶん》しょうです。〕

ほかに、
「おにが交代《こうたい》せずに、
つかまった人《ひと》が、
みんなおにになって
おいかける。」という
あそび方《かた》もあります。

2

このあそび方《かた》だと、
おにの数《かず》が
ふえていくので、
おには、にげる人《ひと》を
つかまえやすく
なります。

（令和二年度版　光村図書　国語二下　赤とんぼ　もりした　はるみ）

1 ほかに、おにごっこの、どんな あそび方《かた》が ありますか。

おにが 交代《こうたい》せずに、［　　　］が、
みんな［　　　］に なって
［　　　］という
あそび方《かた》。

2

(1) この あそび方《かた》だと、何《なに》が ふえて いきますか。

［　　　］

(2) この あそび方《かた》だと、おには、どう なりますか。

（　）おには、にげる 人《ひと》を つかまえにくく なる。

（　）おには、にげる 人《ひと》を つかまえやすく なる。

おにごっこ ⑸

名前

つぎの 文《ぶん》しょうを 二回《にかい》 読《よ》んで、こたえましょう。

1

（「おにが 交代《こうたい》せずに、つかまった 人《ひと》が、みんな おにに なって おいかける。」と いう おにごっこの あそび方《かた》に ついて せつめいして いる 文《ぶん》しょうの つづきです。）

また、にげる人《ひと》は、
㋐おにがひとりのときより、
にげるところを
くふうしたり、
じょうずに走《はし》ったり
しなければなりません。

2

「つかまりそうだ。」と、
［㋑］することもふえて、
おにごっこが、
もっとおもしろく
なります。

（令和二年度版　光村図書　国語二下　赤とんぼ　もりした　はるみ）

1 ㋐おにが ひとりの ときと くらべて、にげる 人《ひと》は、どんな ことを しなければ なりませんか。 二《ふた》つ 書《か》きましょう。

にげる ところを ［　　　　］ する こと。

［　　　　］ 走《はし》る こと。

2

⑴ ［㋑］に あてはまる ことばを 一《ひと》つ えらんで ○を つけましょう。

（　）うきうき
（　）どきどき
（　）しょんぼり

⑵ この あそび方《かた》だと、おにごっこは、どう なりますか。

［　　　　］ なります。

じょうほう

本《ほん》での しらべ方《かた》

名前

あやかさんの クラスでは、図書館《としょかん》で、あそびに ついて 書《か》かれた 本《ほん》を えらんで 読《よ》む ことに なりました。つぎの もんだいに 答《こた》えましょう。

(1) あやかさんは、二人《ふたり》で 楽《たの》しめる あやとりの あそび方《かた》に ついて しらべる ことに しました。

① まず、図書館《としょかん》で 本《ほん》を さがします。つぎの うち、どの 本《ほん》を さがすと よいでしょう。一《ひと》つに ○を つけましょう。

（　）せかいの いろいろな あそびと その あそび方《かた》。

（　）うんどう場《じょう》で する あそびと その あそび方《かた》。

（　）いろいろな あやとりの あそび方《かた》。

② あやかさんは、本《ほん》の 中《なか》で どんな ことに ついて しらべようと して いますか。一《ひと》つに ○を つけましょう。

（　）ひとりあやとりの あそび方《かた》。

（　）ふたりあやとりの あそび方《かた》。

（　）外国《がいこく》の あやとりの しょうかい。

(2) 本《ほん》を 読《よ》んで、分《わ》かった ことを メモします。メモの しかたで 正《ただ》しい 方《ほう》に ○を つけましょう。

（　）分《わ》かった こと だけを メモして おけば よい。

（　）分《わ》かった ことと いっしょに、ひっしゃの 名前《なまえ》と だいめいも メモする。

ようすを あらわす ことば (1)

名前

● つぎの 文《ぶん》の □ に あてはまる ことばを、□ から えらんで 書《か》きましょう。

①
魚《さかな》が □ と およぐ。
赤《あか》ちゃんが □ と ねむる。

すやすや ・ すいすい

②
さむさで 体《からだ》が □ と ふるえる。
新聞紙《しんぶんし》を □ と やぶる。

ぶるぶる ・ びりびり

③
星《ほし》が □ と かがやく。
お日《ひ》さまが □ と てりつける。

ぎらぎら ・ きらきら

ようすを あらわす ことば (2)

名前

● つぎの 文《ぶん》の □ に あてはまる ことばを、□ から えらんで 書《か》きましょう。

①

こおりを 入《い》れた □ 水《みず》を のむ。

□ 風《かぜ》で、かさが とばされそうだ。

はげしい ・ つめたい

②

朝《あさ》まで □ と ねむる。

かばんが □ と おもい。

ぐっすり ・ ずっしり

③

ようふくが □ と 体《からだ》に 合《あ》う。

おふろに □ と つかる。

ゆったり ・ ぴったり

ようすを あらわす ことば (3)

名前

(1) つぎの ＝線《せん》の、たとえを つかって いる ことばは、どの ような ようすを あらわして いますか。○を つけましょう。

① 雨《あめ》が、たきのように ふりだした。

（　）雨《あめ》が、たきのように いきおいよく ふる ようす。

（　）雨《あめ》が、たきのように よわく ふる ようす。

② わたがしのような 雲《くも》が、空《そら》に うかんで いる。

（　）雲《くも》が、わたがしのように あまくて おいしい ようす。

（　）雲《くも》が、わたがしのように 白《しろ》く ふわふわして いる ようす。

(2) つぎの 文《ぶん》の □に あてはまる ことばを、□から えらんで 書《か》きましょう。

① □ どっしりと して いる。

② □ ちょろちょろ うごく。

③ □ するすると 木《き》に のぼる。

さるのように ・ ねずみのように ・ ぞうのように

ようすを あらわす ことば (4)

名前

(1) つぎの ことばの つかい方《かた》が 正《ただ》しい 方《ほう》に ○を つけましょう。

① けむりが {（ ）もくもく （ ）もぐもぐ} と あがる。

② 弟《おとうと》は {（ ）ぶんぶん （ ）ぷんぷん} と おこって いる。

③ 公園《こうえん》に こどもが {（ ）とんとん （ ）どんどん} ふえて くる。

(2) つぎの 文《つぎ》の ① ～ ③ に あてはまる ことばを、□から えらんで 書《か》きましょう。（ことばは 一回《いっかい》ずつ つかいましょう。）

おとうさんが ホットケーキを やいて くれました。 ① と した ホットケーキに はちみつを ② と かけて、妹《いもうと》と いっしょに ③ と 食《た》べました。

たっぷり ・ ぱくぱく ・ ふわふわ

① ふわふわ

②

③

見《み》たこと、かんじたこと

名前

つぎの 詩《し》を 二回《にかい》 読《よ》んで 答《こた》えましょう。

オクラ

やね りお

はっぱのおもては㋐
つるつる
うらは ざらざら
はじっこぎざぎざ
わたしのオクラ
おおきくなあれ

（1） だれが 書《か》いた 詩《し》ですか。書《か》いた 人《ひと》の 名前《なまえ》を 書《か》きましょう。

（2） 何《なに》を 見《み》て、書《か》いた 詩《し》ですか。

［　　］の はっぱ。

（3） ㋐おもては つるつるの ように、はっぱの ようすを 書《か》いて いる ことばを、ほかに 二《ふた》つ 見《み》つけて 書《か》きましょう。

うらは ［　　］

はじっこ ［　　］

（4） 詩《し》の さくしゃが オクラに よびかけて いる ことばを 七《しち》文《も》字《じ》で 書《か》き出《だ》しましょう。

（令和二年度版 光村図書 国語二下 赤とんぼ 「見たこと、かんじたこと」による）

楽《たの》しかったよ、二年生《にねんせい》

名前

つぎの 文《ぶん》しょうは、さきさんが 一年《いちねん》を ふりかえって 考《かんが》えた ことを はっぴょうした 文《ぶん》しょうです。この 文《ぶん》しょうを 読《よ》んで、答《こた》えましょう。

わたしは、てつぼうの さかあがりが できるように なった ことが、いちばん 心《こころ》に のこって います。

体《たい》いくの 時間《じかん》、わたしは、さかあがりが できなくて、とても くやしく なりました。

それから、わたしは、休《やす》み時間《じかん》に なると、さかあがりの れんしゅうを つづけました。れんしゅう して いると、りこさんが、やって来《き》て、「うでを しっかり まげてみて。」と 教《おし》えて くれました。そして、れんしゅうの 間《あいだ》、りこさんは、「もう少《すこ》しだよ。」と おうえん して くれました。何日《なんにち》も れんしゅうして、㋐、さかあがりが できました。

はじめて さかあがりが できた ときは、りこさんも いっしょに 大《おお》よろこび して くれて、とても うれしく なりました。

さき

(1) さきさんは、どんな ことが いちばん 心《こころ》に のこって いると、はっぴょうしましたか。

［　　　　　］が できるように なった こと。

(2) さきさんの さかあがりの れんしゅうを おうえんして くれたのは、だれですか。

［　　　　　］

(3) ㋐ に あてはまる ことばを 一《ひと》つ えらんで ○を つけましょう。

（　）やっぱり

（　）けれども

（　）とうとう

カンジーはかせの　大《だい》はつめい　(1)

名前

(1) つぎの　二《ふた》つの　かん字《じ》を　合体《がったい》させると、どんな　かん字《じ》が　できますか。できた　かん字《じ》を　□に　書《か》きましょう。

①　力《ちから》　田《た》　→　男

②　山《やま》　石《いし》　→　□

③　月《つき》　日《ひ》　→　□

④　鳥《とり》　口《くち》　→　□

①と　②の　かん字《じ》は、上《うえ》と　下《した》を　合体《がったい》させます。

③と　④は、左《ひだり》と　右《みぎ》を　合体《がったい》させます。

(2) つぎの　■の　かん字《じ》を　作《つく》るためには、どのような　二《ふた》つの　かん字《じ》を　合体《がったい》させると　いいでしょう。□に　入《はい》る　かん字《じ》を　書《か》きましょう。

①　日《ひ》　□　→　星《ほし》

②　□　糸《いと》　→　細《ほそ(い)》

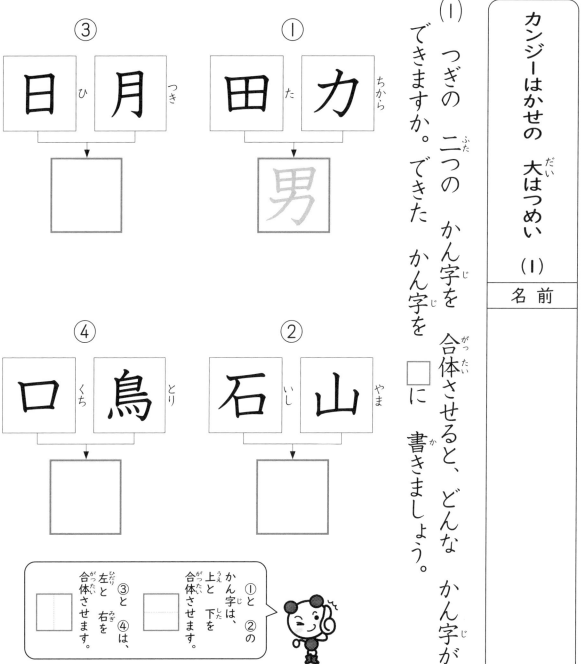

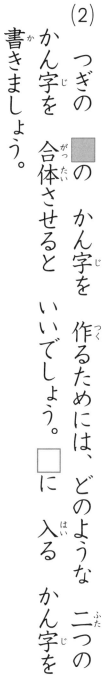

カンジーはかせの　大《だい》はつめい　(2)

名前

(1) 二《ふた》つの　かん字《じ》で　ことばを　つくります。つぎの　①〜③の　かん字《じ》の　後《あと》に　つけたすと、ことばが　できる　かん字《じ》を、――線《せん》で　むすびましょう。また、できた　ことばを　□に　書《か》きましょう。

① 花	・	・ 川
② 毛	・	・ 火
③ 谷	・	・ 糸

① 花火
②
③

できた　ことばの　読《よ》み方《かた》も　分《わ》かるかな。
声《こえ》に　出《だ》して　読《よ》んでみよう。

(2) 二《ふた》つの　かん字《じ》で　ことばを　つくります。□に　入《はい》る　かん字《じ》を　□から　えらんで　書《か》き、読《よ》みがなを　（　）に　書《か》きましょう。

① 名前（なまえ）

② 先□（　　）

③ 会□（　　）

生・話・前

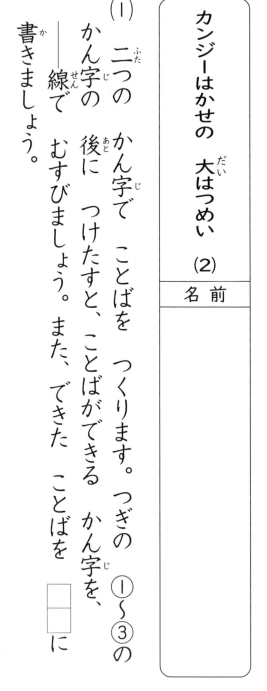

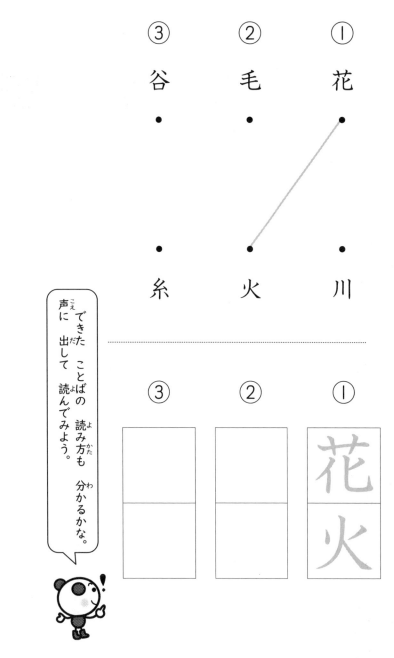

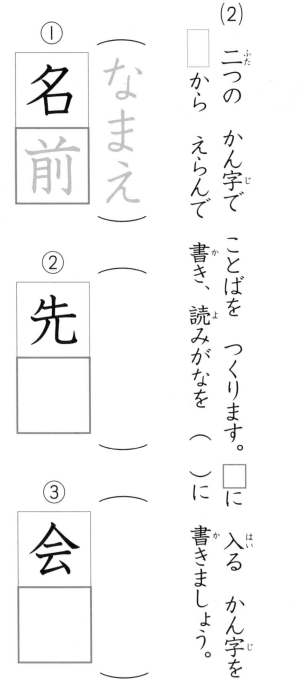

ことばを楽《たの》しもう

名前

(1) つぎの ことばは、上《うえ》から 読《よ》んでも 下《した》から 読《よ》んでも 同《おな》じ 読《よ》みに なる ことばです。□に 入《はい》る ひらがなを 書《か》きましょう。

① や お や

② し ん ぶ □ □ し

③ に わ □ り と わ □

(2) つぎの ことばが、上《うえ》から 読《よ》んでも 下《した》から 読《よ》んでも 同《おな》じ 読《よ》みに なるように、□に 入《はい》る ひらがなを 書《か》きましょう。

① う た う ★ □ □

② る す に ★ □ □

③ い る か は ★ □ □ □

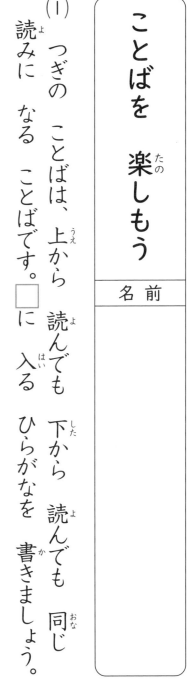

スーホの白《しろ》い馬《うま》 (1)

名前

つぎの 文《ぶん》しょうを 二回《にかい》 読《よ》んで、答《こた》えましょう。

1

むかし、モンゴルの草原《そうげん》に、スーホという、まずしい ひつじかいの少年《しょうねん》が いました。

2

スーホは、年《とし》とった おばあさんとふたりきりで、くらしていました。

スーホは、おとなにまけないくらい、よくはたらきました。毎朝《まいあさ》、早《はや》くおきると、スーホは、おばあさんをたすけて、ごはんのしたくをします。それから、二十頭《にじゅっとう》あまりのひつじをおって、広《ひろ》い広《ひろ》い草原《そうげん》に出《で》ていきました。

（令和二年度版　光村図書　国語二下　赤とんぼ　おおつか　ゆうぞう）

1

(1) スーホが くらして いたのは、どこですか。

(2) スーホは、何《なん》の しごとを して いましたか。

2

(1) スーホは、だれと くらして いましたか。

(2) スーホが 毎朝《まいあさ》 して いた ことは、どんな ことですか。二《ふた》つに ○を つけましょう。

(　)べんきょう。

(　)ごはんの したく。

(　)たくさんの ひつじを おって、草原《そうげん》に 出《で》て いく こと。

(　)おそくまで ねて いた。

スーホの白《しろ》い馬《うま》 (2)

名前

つぎの 文《ぶん》しょうを 二回《にかい》 読《よ》んで、答《こた》えましょう。

1

スーホは、
とても歌《うた》がうまく、
ほかのひつじかいたちに
たのまれて、よく歌《うた》を
歌《うた》いました。スーホの
うつくしい歌声《うたごえ》は、
草原《そうげん》をこえ、
遠《とお》くまで
ひびいて
いくのでした。

2

㋐ある日《ひ》のことでした。
日《ひ》は、もう遠《とお》い山《やま》の
むこうにしずみ、
あたりは、ぐんぐん
くらくなってくるのに、
スーホが帰《かえ》ってきません。

（令和二年度版　光村図書　国語二下　赤とんぼ　おおつか　ゆうぞう）

1

(1) スーホは、だれに たのまれて よく 歌《うた》を 歌《うた》いましたか。

［　　　　］

(2) スーホの うつくしい 歌声《うたごえ》は、どんな ふうに ひびいて いきましたか。

［　　　　］を こえ、
［　　　　］
ひびいて いった。

2

(1) ㋐ある日《ひ》のこととは、一日《いちにち》の うちの いつごろの ことですか。一《ひと》つに ○を つけましょう。

（　）朝《あさ》 早《はや》く。
（　）昼《ひる》。
（　）もうすぐ 夜《よる》に なるとき。

(2) ㋐ある日《ひ》のこと、どんな ことが あったのですか。

スーホが
［　　　　］。

スーホの白《しろ》い馬《うま》 (3)

名前

つぎの 文《ぶん》しょうを 二回《にかい》 読《よ》んで、答《こた》えましょう。

1

（ある日《ひ》、あたりは、くらくなって くるのに、
スーホが 帰《かえ》って きません。）

おばあさんは、しんぱいになってきました。近《ちか》くにすむひつじかいたちも、どうしたのだろうと、さわぎはじめました。

2

みんながしんぱいでたまらなくなったころ、スーホが、何《なに》か㋐白《しろ》いものをだきかかえて、帰《かえ》ってきました。

みんながそばにかけよってみると、それは、生《う》まれたばかりの、小《ちい》さな白《しろ》い馬《うま》でした。

（令和二年度版 光村図書 国語二下 赤とんぼ おおつか ゆうぞう）

1

(1) スーホが 帰《かえ》って こない ことで、おばあさんは、どんな 気《き》もちに なって きましたか。

□□□□ に なって きました。

(2) どうしたのだろうと、さわぎ はじめたのは、だれですか。

（　　　　）

2

(1) スーホが 帰《かえ》って きたのは、みんなが どう なった ころですか。○を つけましょう。

（　）さわぎはじめた ころ。

（　）しんぱいで たまらなく なった ころ。

(2) スーホが だきかかえて きた ㋐白《しろ》いものとは、何《なん》でしたか。

（　　　　）

スーホの白《しろ》い馬《うま》 (4)

名前

つぎの 文《ぶん》しょうを 二回《にかい》 読《よ》んで、答《こた》えましょう。

1

（スーホが、心《こころ》を こめて せわした おかげで、子馬《こうま》は、すくすくと そだちました。体《からだ》は 白《しろ》く 引《ひ》きしまって、だれでも 見《み》とれる ほどでした。）

ある年《とし》の春《はる》、草原《そうげん》いったいに、知《し》らせがつたわってきました。このあたりをおさめている とのさまが、町《まち》でけい馬《ば》の大会《たいかい》をひらくというのです。そして、一等《いっとう》になったものは、とのさまのむすめとけっこんさせるというのでした。

※けい馬《ば》…人《ひと》が 馬《うま》に のって はやさを きょうそうする こと。

2

この知《し》らせを聞《き》くと、なかまのひつじかいたちは、スーホにすすめました。

「ぜひ、白馬《しろうま》に のって、けい馬《ば》に 出《で》てごらん。」

（令和二年度版 光村図書 国語二下 赤とんぼ おおつか ゆうぞう）

1

(1) けい馬《ば》の 大会《たいかい》は、どこで ひらかれますか。

(2) だれが、けい馬《ば》の 大会《たいかい》を ひらくと いうのですか。

(3) けい馬《ば》の 大会《たいかい》で 一等《いっとう》に なった ものは、どんな よい ことが あると いうのですか。○を つけましょう。

（　）とのさまに なる。

（　）とのさまの むすめと けっこんできる。

2

なかまの ひつじかいたちは、スーホに どんな ことを すすめましたか。

［　　］に のって、［　　］に 出《で》る こと。

スーホの白《しろ》い馬《うま》 (5)

名前

つぎの 文《ぶん》しょうを 二回《にかい》 読《よ》んで、答《こた》えましょう。

1

そこでスーホは、白馬《しろうま》にまたがり、ひろびろとした草原《そうげん》をこえて、けい馬《ば》のひらかれる町《まち》へむかいました。

2

けい馬《ば》がはじまりました。たくましいわかものたちは、いっせいにかわのむちをふりました。馬《うま》は、とぶようにかけます。でも、先頭《せんとう》を走《はし》っていくのは、白馬《しろうま》です。スーホののった白馬《しろうま》です。「白《しろ》い馬《うま》が一等《いっとう》だぞ。㋐白《しろ》い馬《うま》ののり手《て》をつれてまいれ。」とのさまはさけびました。

（令和二年度版　光村図書　国語二下　赤とんぼ　おおつか　ゆうぞう）

1 スーホは、何《なに》に またがって、どこへ むかいましたか。

（　　　）に またがって、（　　　）の ひらかれる（　　　）へ むかった。

2

(1) けい馬《ば》が はじまった とき、たくましい わかものたちが いっせいに ふった ものは、何《なん》でしたか。

（　　　　　　）

(2) 白《しろ》い馬《うま》は、何等《なんとう》に なりましたか。一《ひと》つに ○を つけましょう。

（　）一等《いっとう》
（　）二等《にとう》
（　）三等《さんとう》

(3) ㋐白《しろ》い馬《うま》ののり手《て》とは、だれでしたか。

（　　　　　　）

スーホの白《しろ》い馬《うま》 (6)

名前

つぎの 文《ぶん》しょうを 二回《にかい》 読《よ》んで、答《こた》えましょう。

1

（とのさまは、スーホから とり上《あ》げた 白馬《しろうま》を みんなに 見《み》せびらかしたくて たまりません。ある日、おきゃくを たくさん よんで、白馬《しろうま》に のって 見《み》せて やることに しました。）

家来《けらい》たちが、白馬《しろうま》を 引《ひ》いてきました。

とのさまは、白馬《しろうま》にまたがりました。

㋐そのときです。白馬《しろうま》は、おそろしい いきおいで はね上《あ》がりました。

2

とのさまは、じめんに ころげおちました。白馬《しろうま》は、とのさまの手《て》からたづなを ふりはなすと、さわぎ立《た》てる みんなの間《あいだ》をぬけて、風《かぜ》のように かけだしました。

※たづな…馬《うま》の 口《くち》に つけた 金具《かなぐ》と つないで、馬《うま》を あやつる つな。

（令和二年度版 光村図書 国語二下 赤とんぼ おおつか ゆうぞう）

1

(1) ㋐そのときとは、どんな ときの ことですか。○を つけましょう。

（ ）家来《けらい》たちが、白馬《しろうま》を 引《ひ》いて きた とき。

（ ）とのさまが、白馬《しろうま》に またがった とき。

(2) 白馬《しろうま》は、どんな いきおいで はね上《あ》がりましたか。

［　　　　　　］

2

(1) 白馬《しろうま》が はね上《あ》がって、とのさまは、どう なりましたか。

じめんに ［　　　　　　］。

(2) とのさまの 手《て》から たづなを ふりはなした 白馬《しろうま》は、それから どう しましたか。○を つけましょう。

（ ）家来《けらい》たちに つかまった。

（ ）みんなの 間《あいだ》を ぬけて、かけだした。

スーホの白《しろ》い馬《うま》 (7)

名前

つぎの 文《ぶん》しょうを 二回《にかい》 読《よ》んで、答《こた》えましょう。

1

〔白馬《しろうま》は、とのさまの 手《て》から たづなを ふりはなすと、風《かぜ》のように かけだしました。〕

とのさまは、おき上《あ》がろうと もがきながら、大声《おおごえ》で どなりちらしました。

「早《はや》く、㋐あいつをつかまえろ。つかまらないなら、弓《ゆみ》で いころしてしまえ。」

2

家来《けらい》たちは、いっせいに おいかけました。

㋑ 、白馬《しろうま》には とてもおいつけません。家来《けらい》たちは、弓《ゆみ》を引《ひ》きしぼり、いっせいに 矢《や》をはなちました。矢《や》は、うなりを立《た》ててとびました。白馬《しろうま》の せには、つぎつぎに、矢《や》がささりました。それでも、白馬《しろうま》は走《はし》りつづけました。

1

(1) とのさまは、だれに むかって どなりちらしましたか。○を つけましょう。

( )白馬《しろうま》

( )家来《けらい》たち

(2) ㋐あいつとは、だれの ことですか。

2

(1) ㋑に あてはまる ことばに ○を つけましょう。

( )そして ( )けれども

(2) 白馬《しろうま》に おいつけない 家来《けらい》たちは、どう しましたか。○を つけましょう。

( )弓《ゆみ》を つかって、白馬《しろうま》に むけて 矢《や》を とばしました。

( )弓《ゆみ》を つかわずに、白馬《しろうま》に 矢《や》を つきさしました。

(3) せに 矢《や》が ささった 白馬《しろうま》は、どう しましたか。

(令和二年度版 光村図書 国語二下 赤とんぼ おおつか ゆうぞう)

スーホの白《しろ》い馬《うま》 ⑻

名前

つぎの　文《ぶん》しょうを　二回《にかい》　読《よ》んで、答《こた》えましょう。

1

そのばんのことです。

スーホがねようとしていたとき、ふいに、外《そと》の方《ほう》で音《おと》がしました。

「だれだ。」

ときいてもへんじはなく、カタカタ、カタカタと、もの音《おと》がつづいています。㋐ようすを見《み》に出《で》ていったおばあさんが、さけび声《ごえ》を上《あ》げました。

「白馬《しろうま》だよ。うちの白馬《しろうま》だよ。」

2

スーホははねおきて、かけていきました。見《み》ると、本当《ほんとう》に、白馬《しろうま》はそこにいました。けれど、その体《からだ》には、矢《や》が何本《なんぼん》もつきささり、あせが、たきのようにながれおちています。白馬《しろうま》は、ひどいきずをうけながら、走《はし》って、走《はし》って、走《はし》りつづけて、大《だい》すきなスーホのところへ帰《かえ》ってきたのです。

（令和二年度版　光村図書　国語二下　赤とんぼ　おおつか　ゆうぞう）

1

⑴ スーホが　ねようと　して　いた　とき、どこで　音《おと》が　しましたか。

［　　　　］の　方《ほう》。

⑵ ㋐ようすを見《み》に出《で》ていった　おばあさんは、何《なに》を　見《み》つけましたか。

［　　　　］

2

⑴ 白馬《しろうま》の　体《からだ》は、どんな　ようすでしたか。二《ふた》つに　○を　つけましょう。

（　）矢《や》が　一本《いっぽん》だけ　つきささっていた。

（　）矢《や》が　何本《なんぼん》も　つきささっていた。

（　）あせが　たきのように　ながれおちていた。

⑵ 白馬《しろうま》は、ひどい　きずを　うけながら、だれの　ところへ　帰《かえ》って　きたのですか。

［　　　　］

スーホの白《しろ》い馬《うま》 (9)

名前

つぎの 文《ぶん》しょうを 二回《にかい》 読《よ》んで、答《こた》えましょう。

1

スーホは、㋐はを食《く》いしばりながら、白馬《しろうま》にささっている矢《や》をぬきました。きず口《ぐち》からは、血《ち》がふき出《だ》しました。

「白馬《しろうま》、ぼくの白馬《しろうま》、しなないでおくれ。」

2

㋑　、白馬《しろうま》は、弱《よわ》りはてていました。いきは、だんだん細《ほそ》くなり、目《め》の光《ひかり》もきえていきました。

そして、つぎの日《ひ》、白馬《しろうま》は、しんでしまいました。

（令和二年度版　光村図書　国語二下　赤とんぼ　おおつか　ゆうぞう）

1

(1) ㋐「はを食《く》いしばる」と おなじ ようすを あらわす 方《ほう》に ○を つけましょう。

（　）かなしみや いかりなどを じっと がまんする。

（　）口《くち》を もぐもぐと うごかして いる。

(2) スーホは、白馬《しろうま》に 何《なん》と 言《い》いましたか。文《ぶん》しょうの 中《なか》から 書《か》き出《だ》しましょう。

2

(1) ㋑ に あてはまる ことば 一《ひと》つに ○を つけましょう。

（　）だから

（　）でも

（　）また

(2) 弱《よわ》りはてた 白馬《しろうま》は、つぎの 日《ひ》、どう なりましたか。

スーホの白《しろ》い馬《うま》 ⑽

名前

つぎの 文《ぶん》しょうを 二回《にかい》 読《よ》んで、答《こた》えましょう。

1

かなしさとくやしさで、
スーホは、いくばんも
ねむれませんでした。
でも、やっとあるばん、
とろとろとねむりこんだとき、
スーホは、白馬《しろうま》の
ゆめを見《み》ました。
スーホがなでてやると、
白馬《しろうま》は、体《からだ》をすりよせました。

2

そして、やさしく
スーホに話《はな》しかけました。
「そんなにかなしまないで
ください。それより、
わたしの ほねやかわや、
すじや毛《け》をつかって、
がっきを作《つく》ってください。
そうすれば、わたしは、
いつまでもあなたの
そばにいられますから。」

（令和二年度版　光村図書　国語二下　赤とんぼ　おおつか　ゆうぞう）

1

(1) スーホが、いくばんも ねむれなかったのは、どんな 気《き》もちからでしたか。

[　　　] と [　　　]

(2) やっと ねむりこんだ とき、スーホは、何《なん》の ゆめを 見《み》ましたか。

[　　　]

2

(1) 白馬《しろうま》は、ゆめの 中《なか》で、スーホに どんな ことを たのみましたか。
○を つけましょう。

（　）自分《じぶん》の 体《からだ》の かたちの がっきを 作《つく》って ほしい。

（　）自分《じぶん》の 体《からだ》を つかって がっきを 作《つく》って ほしい。

(2) 白馬《しろうま》が、がっきを 作《つく》って ほしいと スーホに 言《い》ったのは、なぜですか。

そうすれば、いつまでも、[スーホ] の [　　　] に いられるから。

すてきなところをつたえよう

名前

一年《いちねん》を　ふりかえって、友《とも》だちの　すてきな　ところを　手紙《てがみ》に　書《か》いて　つたえ　ました。つぎの　やすださんの　手紙《てがみ》を　読《よ》んで、答《こた》えましょう。

（やすださんの　手紙《てがみ》）

にしの　ゆうや　さん

あ　ゆうやさんのすてきなところは、いつもやさしいところだと思《おも》います。

い　ろう下《か》で一年生《いちねんせい》がころんだとき、ゆうやさんは、すぐに声《こえ》をかけて、ほけん室《しつ》につれていってあげていました。わたしは、どうしようと思《おも》いながら見《み》ているだけだったので、すてきだなと思《おも》いました。

う　これからも、やさしいゆうやさんでいてくださいね。

やすだ　れい

（令和二年度版　光村図書　国語二下　赤とんぼ「すてきなところをつたえよう」による）

(1)　やすださんは、にしのさんの　すてきな　ところは、どんな　ところだと　思《おも》って　いますか。

ところ。

(2)　つぎの　①～③は、手紙《てがみ》の　あ～うの　どこに　書《か》かれて　いますか。記《き》ごうで　答《こた》えましょう。

①　にしのさんへの　よびかけ。

②　にしのさんが　すてきだと　かんじた　ときの　こと。

③　にしのさんの　すてきな　ところ。

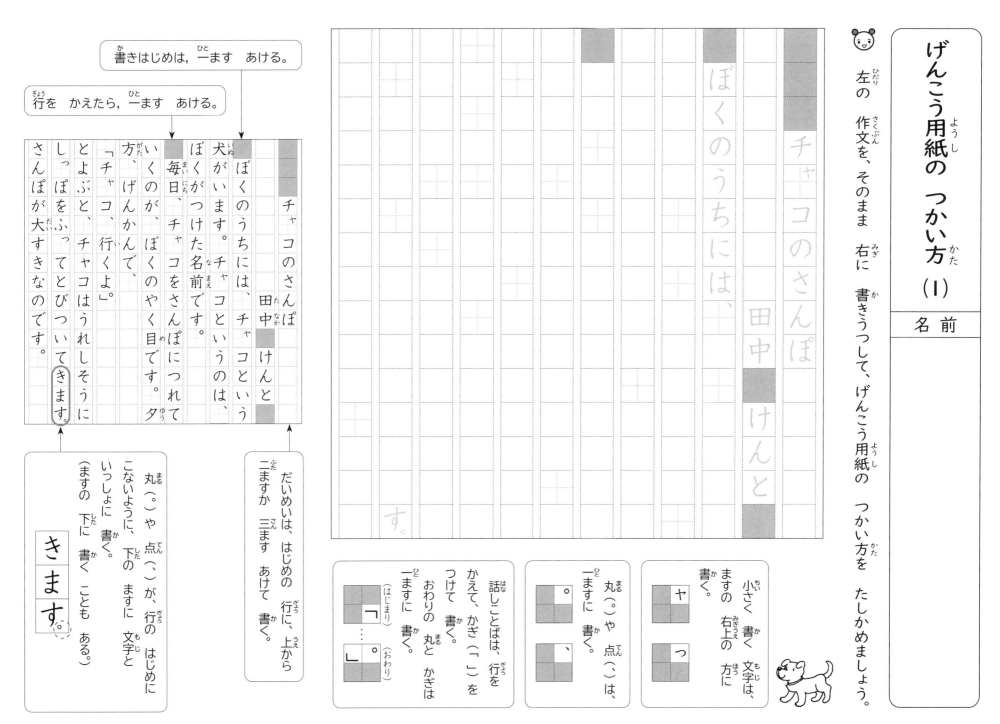

げんこう用紙《ようし》の つかい方《かた》 (1)

名前

左《ひだり》の 作文《さくぶん》を、そのまま 右《みぎ》に 書《か》きうつして、げんこう用紙《ようし》の つかい方《かた》を たしかめましょう。

チャコのさんぽ

田中 けんと

ぼくのうちには、

す。

小《ちい》さく 書《か》く 文字《もじ》は、ますの 右上《みぎうえ》の 方《ほう》に 書《か》く。

ャ　っ

丸《まる》(。)や 点《てん》(、)は、一《ひと》ますに 書《か》く。

。　、

話《はな》しことばは、行《ぎょう》を かえて、かぎ(「」)を つけて 書《か》く。おわりの 丸《まる》と かぎは 一《ひと》ますに 書《か》く。

(はじまり) 「 …… 。」 (おわり)

書《か》きはじめは、一《ひと》ます あける。

行《ぎょう》を かえたら、一《ひと》ます あける。

チャコのさんぽ

田中《たなか》 けんと

ぼくのうちには、チャコという犬《いぬ》がいます。チャコというのは、ぼくがつけた名前《なまえ》です。

毎日《まいにち》、チャコをさんぽにつれていくのが、ぼくのやく目《め》です。夕《ゆう》方《がた》、げんかんで、

「チャコ、行《い》くよ。」

とよぶと、チャコはうれしそうにしっぽをふってとびついてきます。さんぽが大《だい》すきなのです。

だいめいは、はじめの 行《ぎょう》に、上《うえ》から 二《ふた》ますか 三《さん》ます あけて 書《か》く。

丸《まる》(。)や 点《てん》(、)が、行《ぎょう》の はじめに こないように、下《した》の ますに 文字《もじ》と いっしょに 書《か》く。

(ますの 下《した》に 書《か》く ことも ある。)

きます。

げんこう用紙《ようし》の つかい方《かた》 (2)

名前

左《ひだり》の 作文《さくぶん》を、そのまま 右《みぎ》に 書《か》きうつして、げんこう用紙《ようし》の つかい方《かた》を たしかめましょう。

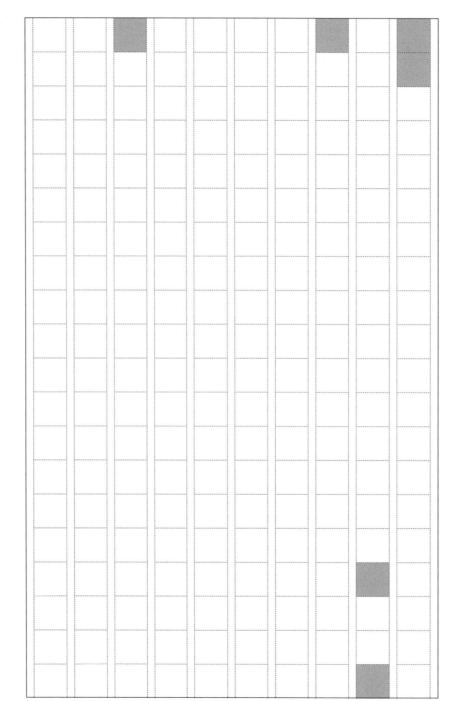

かわいかった ふれあい広場《ひろば》のうさぎ

山下《やました》 りさ

日曜日《にちようび》に、かぞくでどうぶつ園《えん》に行《い》きました。いろいろなどうぶつを見《み》てまわったあとに、ふれあい広場《ひろば》に行《い》ってみると、

「うさぎとモルモットがいますよ。」

としいくいんさんが教《おし》えてくれました。

わたしは、うさぎをだっこしてなでてみました。ふわふわしたやわらかい毛《け》の、とてもかわいい白《しろ》うさぎでした。

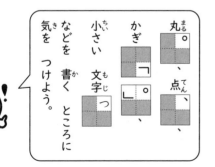

丸《まる》 。、 点《てん》 、、

かぎ 「 」。 」、

小《ちい》さい 文字《もじ》 っ

などを 書《か》く ところに 気《き》を つけよう。

げんこう用紙《ようし》の つかい方《かた》 (3)

名前

左《ひだり》の 作文《さくぶん》を、そのまま 右《みぎ》に 書《か》きうつして、げんこう用紙《ようし》の つかい方《かた》を たしかめましょう。

えりちゃんがてつだってくれた水《みず》やり

上田《うえだ》 もえ

きのう、わたしは、花《か》だんの水《みず》やり当番《とうばん》でした。バケツに水《みず》を入《い》れてはこびました。

バケツがおもいので、とちゅうで休《やす》んでいると、えりちゃんがやって来《き》て、

「もえちゃん、いっしょにもつよ。」

と言《い》ってくれました。二人《ふたり》でもつと、おもさも半分《はんぶん》になったようでした。水《みず》やりも二人《ふたり》でしました。楽《たの》しい水《みず》やりになりました。

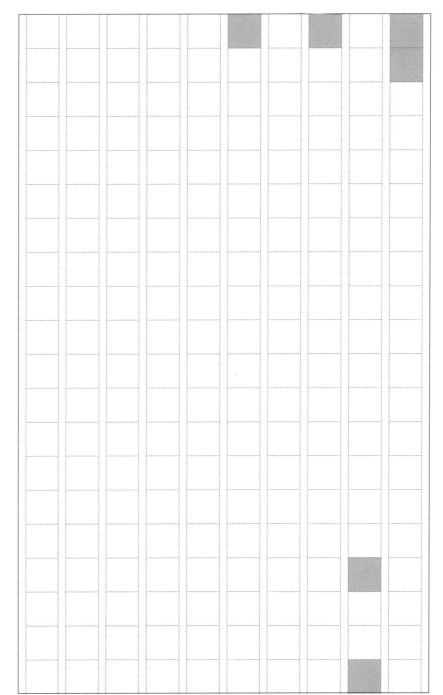

ことばのたからばこ (1)
（ようすを あらわす ことば）

名前

じんぶつや ものの ようすを あらわす ことばの つかい方《かた》を たしかめましょう。

(1) つぎの 文《ぶん》に 合《あ》う 方《ほう》の ことばに ◯を つけましょう。

① ぼくは、{（　）ひょうきん／（　）しょうじき}に、ほんとうの ことを 言《い》った。

② {（　）いじっぱり／（　）すなお}な 弟《おとうと》は、考《かんが》えを さいごまで かえなかった。

③ 姉《あね》は、{（　）しっかりもの／（　）こわがり}で、みんなが たよりに して いる。

(2) つぎの 文《ぶん》の □に あてはまる ことばを、□から えらんで 書《か》きましょう。

① 近《ちか》くに 店《みせ》が できて、買《か》いものが □ に なった。

② □ な 計算《けいさん》もんだいの 答《こた》えは すぐに 分《わ》かった。

③ にわに、大《おお》きくて □ な かきの 木《き》が ある。

・りっぱ　・べんり　・かんたん

ことばのたからばこ (2)
（気《き》もちを　あらわす　ことば）

名前

気《き》もちを　あらわす　ことばの　つかい方《かた》を　たしかめましょう。

(1) つぎの　文《ぶん》に　合《あ》う　方《ほう》の　ことばに　○を　つけましょう。

① 歌《うた》の　じょうずな　人《ひと》が、｛（　）うらやましい　（　）おそろしい｝。

② 弟《おとうと》は、ゲームを　とり上《あ》げられると、すぐ　｛（　）あきる　（　）すねる｝。

③ やくそくの　時間《じかん》に　おくれそうで　｛（　）うきうきする　（　）ひやひやする｝。

(2) つぎの　文《ぶん》の　□に　あてはまる　ことばを、□から　えらんで　書《か》きましょう。

① なわとびの　れんしゅうを　毎日《まいにち》　つづける　友《とも》だちに　□　する。

② あの　じこの　ことを　思《おも》い出《だ》すと、□　する。

③ おまつりが　楽《たの》しみで　□　する。

・ぞっと　・かんしん　・うきうき

4 頁

赤《あか》とんぼ

名前

つぎの　しを　二回《にかい》　読《よ》んで、こたえましょう。

赤《あか》とんぼ

㋐つくつくほうしが
なくころになると、
㋑あの　ゆうびんのマークが、
きっと　知《し》らせにきます。
金色《きんいろ》の空《そら》から
もう　あきですよ……って。

※つくつくほうし…夏《なつ》の　おわりごろから　あきの　はじめに　なく　セミ。つくつくぼうしの　こと。

（令和二年度版　光村図書　国語二下　赤とんぼ　まど・みちお）

(1) ㋐つくつくほうしがなくころとは、いつですか。一《ひと》つに○を　つけましょう。

（　）なつの　はじめごろ。
（○）なつの　おわりごろ。
（　）あきの　おわりごろ。

(2) ㋑あの　ゆうびんのマークについて　こたえましょう。

① 「ゆうびんマーク」の　形《かたち》に　合《あ》うものに　○を　つけましょう。

（○）〒
（　）＋

② 「あの　ゆうびんのマーク」とは、なにを　あらわしていると　考《かんが》えられますか。○を　つけましょう。

（　）セミ
（○）赤《あか》とんぼ

③ 「あの　ゆうびんのマーク」は、どんな　ことを　知《し》らせに　くると　いって　いますか。しの　中《なか》の　ことばで　書《か》き出《だ》しましょう。

もう　あきですよ

4

5 頁

お手《て》紙《がみ》 (1)

名前

教科書《きょうかしょ》の　つぎの　文《ぶん》しょうを　二回《にかい》　読《よ》んで、こたえましょう。

1

がまくんは、げんかんの前《まえ》に
すわっていました。…
から
…「うん、そうなんだ。」
がまくんが言《い》いました。
まで

2

「今《いま》、一日《いちにち》のうちの
かなしい時《とき》なんだ。…
から
…「ああ、いちども。」
がまくんが言《い》いました。
まで

1

(1) だれが、がまくんの　ところに　やって来《き》ましたか。

かえるくん

(2) げんかんの　前《まえ》に　すわって　いた　がまくんは、どんな　ようすでしたか。

かなしそう

2

(1) がまくんは、何《なに》を　する　時間《じかん》が　「一日《いちにち》のうちの　かなしい時《とき》」だと　言《い》いましたか。

お手紙をまつ　時間《じかん》。

(2) お手《て》紙《がみ》を　まつ　時間《じかん》に、がまくんが　とても　ふしあわせな　気《き》もちに　なるのは　なぜですか。○を　つけましょう。

（○）お手《て》紙《がみ》を　いちども　もらった　ことが　ないから。
（　）お手《て》紙《がみ》を　もらったのは、いちどだけだから。

5

6 頁

お手《て》紙《がみ》 (2)

名前

教科書《きょうかしょ》の　つぎの　文《ぶん》しょうを　二回《にかい》　読《よ》んで、こたえましょう。

1

「だれも、ぼくに　お手《て》紙《がみ》なんか
くれた　ことがない…
から
…げんかんの前《まえ》に
こしを下《お》ろしていました。
まで

2

すると、かえるくんが
言《い》いました。
「ぼく、もう　家《いえ》へ…
から
…こう書《か》きました。
「がまがえるくんへ」
まで

1

(1) がまくんが　お手《て》紙《がみ》を　まって　いる　ときが　かなしい　わけ　二《ふた》つに　○を　つけましょう。

（○）だれも　お手《て》紙《がみ》を　くれた　ことが　ないから。
（　）ひとりで　まって　いるから。
（○）毎日《まいにち》、ゆうびんうけが　空《から》っぽだから。

(2) がまくんの　話《はなし》の　あと、ふたりは、どんな　気分《きぶん》で　いましたか。

かなしい　気分《きぶん》。

2

(1) 家《いえ》へ　帰《かえ》った　かえるくんが　ふうとうに　入《い》れた　ものは　何《なん》ですか。○を　つけましょう。

（　）えんぴつと　紙《かみ》。
（○）何《なに》かを　書《か》いた　紙《かみ》。

(2) かえるくんは、ふうとうに　何《なん》と　書《か》きましたか。

がまがえるくんへ

6

7 頁

お手《て》紙《がみ》 (3)

名前

教科書《きょうかしょ》の　つぎの　文《ぶん》しょうを　二回《にかい》　読《よ》んで、こたえましょう。

1

かえるくんは、家《いえ》から
とび出《だ》しました。…
から
…かえるくんは、がまくんの
家《いえ》へもどりました。
まで

2

がまくんは、ベッドで
お昼《ひる》ねをして…
から
…もう　まっているの、
あきあきしたよ。」
まで

1

(1) 家《いえ》から　とび出《だ》した　かえるくんは、だれに　会《あ》いましたか。

かたつむりくん

(2) かえるくんは、かたつむりくんに　どんな　ことを　おねがいしましたか。

お手《て》紙《がみ》を　がまくんの　家《いえ》へ　もって　いって、ゆうびんうけに　入《い》れて　くる　こと。

2

かたつむりくんが　がまくんの　家《いえ》に　もどった　とき、がまくんは、何《なに》を　して　いましたか。一《ひと》つに　○を　つけましょう。

（　）げんかんの　前《まえ》で　お手《て》紙《がみ》を　まって　いた。
（　）へやの　中《なか》で　すわって　お手《て》紙《がみ》を　まって　いた。
（○）ベッドで、お昼《ひる》ねを　して　いた。

7

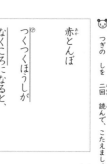

解答例

木書の解答は，あくまでもひとつの例です。児童に取り組ませる前に，必ず指導される方が問題を解いてください。指導される方の作られた解答をもとに，児童の多様な考えに寄り添って○つけをお願いします。

8 頁

お手紙《てがみ》 (4)

名前

教科書《きょうかしょ》の　つぎの　文《ぶん》しょうを　二回《にかい》　読《よ》んで、こたえましょう。

1

「でもね、がまくん。」
かえるくんが言《い》いました。
「きょうは、だれかが、…

から

…きょうだって
同《おな》じだろうよ。」

まで

2

かえるくんは、まどから
のぞきました。…

から

…今《いま》、ぼく、お手紙《てがみ》を
まっているんだもの。」
かえるくんが言《い》いました。

まで

1

「きょうは、だれかが、きみに　お手紙《てがみ》　くれるかも　しれないよ。」と　いう　ことばに　ついて　こたえましょう。

① だれが　言《い》った　ことばですか。

かえるくん

② この　ことばを　きいた　がまくんは、何《なん》と　言《い》いましたか。

ばからしいこと、言《い》うなよ。

2

ずっと　まどの　外《そと》を　見《み》て　いる　わけを　きかれた　かえるくんは、何《なん》と　こたえましたか。文《ぶん》しょうの　中《なか》から　書《か》き出《だ》しましょう。

だって、今《いま》、ぼく、お手紙をまっているんだもの。

9 頁

お手紙《てがみ》 (5)

名前

教科書《きょうかしょ》の　つぎの　文《ぶん》しょうを　二回《にかい》　読《よ》んで、こたえましょう。

1

「でも、来《き》やしないよ。」
がまくんが言《い》いました。…

から

…「きみが。」
がまくんが言《い》いました。

まで

2

「お手紙《てがみ》に、なんて
書《か》いたの。」…

から

…うれしく思《おも》っています。
きみの親友《しんゆう》、かえる。』

まで

1

かえるくんが、手紙《てがみ》は「きっと　来《く》るよ。」と　言《い》った　わけが　分《わ》かる、かえるくんの　ことばを　書《か》き出《だ》しましょう。

だって、ぼくが　きみ　に　お手紙　出《だ》したんだ　もの。

2

(1) かえるくんは、どんな　ことを　うれしく　思《おも》って　いると　手紙《てがみ》に　書《か》きましたか。文《ぶん》しょうの　中《なか》から　書《か》き出《だ》しましょう。

きみが　ぼくの親友であること。

(2) かえるくんは、じぶんの　ことを　何《なん》だと　手紙《てがみ》に　書《か》きましたか。

きみの　親友

10 頁

お手紙《てがみ》 (6)

名前

教科書《きょうかしょ》の　つぎの　文《ぶん》しょうを　二回《にかい》　読《よ》んで、こたえましょう。

1

「ああ。」
がまくんが言《い》いました。…

から

…しあわせな気《き》もちで、
そこにすわっていました。

まで

2

長《なが》いこと　まって
いました。…

から

…がまくんは、とても
よろこびました。

まで

1

(1) かえるくんが　お手紙《てがみ》に　なんと書《か》いたのかを　聞《き》いて、がまくんは、どんな　お手紙《てがみ》だと　言《い》いましたか。

とても　いい　お手紙《てがみ》だ。

(2) ふたりは、どんな　気《き》もちで　お手紙《てがみ》が　くるのを　まって　いましたか。

とても　しあわせな　気《き》もち。

2

(1) がまくんが、お手紙《てがみ》を　もらったのは、何日《なんにち》　たって　からの　ことでしたか。

四日

(2) お手紙《てがみ》を　もらった　がまくんは、どんな　ようすでしたか。文《ぶん》しょうの　中《なか》から　書《か》き出《だ》しましょう。

がまくんは、とても　よろこびました。

11 頁

主語《しゅご》と述語《じゅつご》に　気《き》をつけよう

主語《しゅご》と　述語《じゅつご》 (1)

名前

・(だれが)ともだちが　(どうする)わらう。
・(だれは)くまさんは　(どんなだ)うれしそうだ。
・(何《なに》は)ぶどうは　(なんだ)くだものだ。

主語
だれが（は）
何《なに》が（は）

述語
どうする
どんなだ
なんだ

● つぎの　文《ぶん》の　主語《しゅご》と　述語《じゅつご》を　書《か》きましょう。

① バスが　来《く》る。

(何《なに》が) 主語《しゅご》　バスが

(どうする) 述語《じゅつご》　来る

② 月《つき》が　きれいだ。

(何《なに》が) 主語《しゅご》　月が

(どんなだ) 述語《じゅつご》　きれいだ

③ パンダは　人気《にんき》ものだ。

(何《なに》は) 主語《しゅご》　パンダは

(なんだ) 述語《じゅつご》　人気ものだ

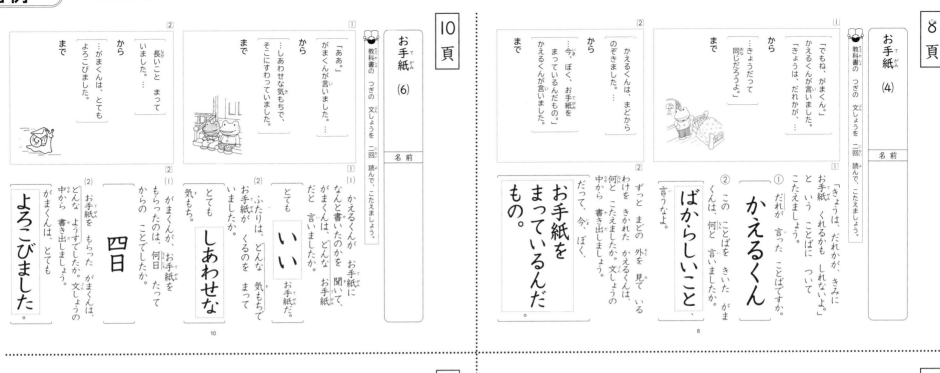

12頁

主語《しゅご》と述語《じゅつご》に　気《き》をつけよう

主語《しゅご》と　述語《じゅつご》 (2)

名前

(1) つぎの　文《ぶん》の　‖線《せん》の　述語《じゅつご》は、何《なに》を　あらわして　いますか。□から　えらんで、記《き》ごうで　こたえましょう。

① おねえさんは　五年生《ごねんせい》だ。　ウ

② ひこうきは　とぶ。　ア

③ 子犬《こいぬ》は　かわいい。　イ

㋐ どうする　㋑ どんなだ　㋒ なんだ

(2) つぎの　文《ぶん》の　形《かたち》に　なるように、述語《じゅつご》に　当《あ》たる　ことばを　□から　えらんで　書《か》きましょう。
（主語《しゅご》の　「くじらは」の　文字《もじ》も　なぞりましょう。）

① (何《なに》は) くじらは、(どうする) およぐ。

② (何《なに》は) くじらは、(どんなだ) 大きい。

③ (何《なに》は) くじらは、(なんだ) どうぶつだ。

大《おお》きい　・　どうぶつだ　・　およぐ

12

13頁

主語《しゅご》と述語《じゅつご》に　気《き》をつけよう

主語《しゅご》と　述語《じゅつご》 (3)
（二語文《にごぶん》）

名前

● つぎの　文《ぶん》の　主語《しゅご》と　述語《じゅつご》を　書《か》きましょう。

① 赤《あか》ちゃんが　なく。
主語《しゅご》 (だれが) 赤ちゃんが　述語《じゅつご》 (どうする) なく

② ゆきは　白《しろ》い。
主語《しゅご》 (何《なに》は) ゆきは　述語《じゅつご》 (どんなだ) 白い

③ じてん車《しゃ》は　のりものだ。
主語《しゅご》 (何《なに》は) じてん車は　述語《じゅつご》 (なんだ) のりものだ

④ かきごおりは　つめたい。
主語《しゅご》 (何《なに》は) かきごおりは　述語《じゅつご》 (どんなだ) つめたい

⑤ ぼくたちは　はしる。
主語《しゅご》 (だれは) ぼくたちは　述語《じゅつご》 (どうする) はしる

主語《しゅご》は、「○○は」「○○が」と　いう　ことばで、述語《じゅつご》は、「どうする」「どんなだ」「なんだ」に　当《あ》たる　ことばです。

13

14頁

主語《しゅご》と述語《じゅつご》に　気《き》をつけよう

主語《しゅご》と　述語《じゅつご》 (4)
（三語文《さんごぶん》）

名前

● つぎの　文《ぶん》の　‖線《せん》の　ことばは、述語《じゅつご》です。主語《しゅご》を　見《み》つけて　―線《せん》を　ひき、□に　書《か》きましょう。

① 妹は　とても　かわいい。　妹は

② いるかは　海《うみ》の　生《い》きものだ。　いるかは

③ ひつじが　草《くさ》を　食《た》べる。　ひつじが

④ 星が　きらきら　光《ひか》る。　星が

⑤ 土曜日《どようび》に、うんどう会が　ある。　うんどう会が

⑥ きょうは、ぼくの　たんじょう日《び》です。　きょうは

主語《しゅご》とは、文《ぶん》の　中《なか》で、「何《なに》が」「何《なに》は」「だれが」「だれは」に　当《あ》たる　ことばだよ。
⑤や　⑥の　もんだいは、すこし　むずかしいかな。「が」や　「は」の　ついて　いる　ことばを　さがして　みよう。

14

15頁

主語《しゅご》と述語《じゅつご》に　気《き》をつけよう

主語《しゅご》と　述語《じゅつご》 (5)
（三語文《さんごぶん》）

名前

● つぎの　文《ぶん》の　三《みっ》つの　ことばから、述語《じゅつご》を　見《み》つけて　書《か》きましょう。

① ぼくは　バナナを　食《た》べる。　食べる

② ありは　小《ちい》さい　虫《むし》だ。　虫だ

③ チューリップの　花《はな》が　きれいだ。　きれいだ

④ 電車《でんしゃ》が　えきに　ついた。　ついた

⑤ ぼくの　妹《いもうと》は　四《よん》さいです。　四さいです

⑥ きょうは　とても　あつい。　あつい

述語《じゅつご》とは、文《ぶん》の　中《なか》で、「どうする」「どんなだ」「なんだ」に　当《あ》たる　ことばです。

15

本書の解答は，あくまでもひとつの例です。児童に取り組ませる前に，必ず指導される方が問題を解いてください。指導される方の作られた解答をもとに，児童の多様な考えに寄り添って○つけをお願いします。

16頁

主語《しゅご》と述語《じゅつご》に 気《き》をつけよう
主語《しゅご》と 述語《じゅつご》 (6)
(三《さん》～四語文《よんごぶん》)
名前

(1) つぎの 文《ぶん》の 三《みっ》つの ことばの うち、主語《しゅご》には ——線《せん》を、述語《じゅつご》には ═線《せん》を ひきましょう。

① 花《はな》が — たくさん — さいた。
② やまださんは — きょうの — 当番だ。
③ ねこの — しっぽが — 長い。
④ きょうの — 天気は — くもりだ。

(2) つぎの 文《ぶん》の 四《よっ》つの ことばの うち、主語《しゅご》には ——線《せん》を、述語《じゅつご》には ═線《せん》を ひきましょう。

① お父さんは — となり町《まち》の — 中学校《ちゅうがっこう》の — 先生だ。
② 小《ちい》さな — 犬が — キャンキャンと — ほえる。
③ あたらしい — くつは — すこし — 大きい。
④ こくばんに — 先生が — 字《じ》を — 書く。

17頁

主語《しゅご》と述語《じゅつご》に 気《き》をつけよう
主語《しゅご》と 述語《じゅつご》 (7)
(文《ぶん》を つくる)
名前

(1) つぎの 絵《え》を 見《み》て、①～③の 形《かたち》に あう 文《ぶん》を つくりましょう。

① 

(だれが) 赤ちゃんが (どうする) ねむる。

② 

ぞうの (何《なに》は) はなは (どんなだ) 長い。

③ 

(何《なに》は) ももは おいしい (なんだ) くだものです。

(2) つぎの 絵《え》を 見《み》て、主語《しゅご》に あう 述語《じゅつご》を ——線《せん》で むすびましょう。

①  花《はな》が まいあさ —— 黄色《きいろ》だ。
②  たんぽぽの 花《はな》の 色《いろ》は —— さく。
③  ひこうきが 空《そら》を —— とぶ。
④  しんかんせんは —— のりものだ。

18頁

主語《しゅご》と述語《じゅつご》に 気《き》をつけよう
主語《しゅご》と 述語《じゅつご》 (8)
(文《ぶん》を つくる)
名前

● 絵《え》を 見《み》て、㋐と ㋑の 主語《しゅご》に つづく ことばを □から えらんで 文《ぶん》を つくりましょう。

① 
㋐ ぼくは たくさん 食べる。
㋑ この ぶどうは とても おいしい。
・とても おいしい ・たくさん 食《た》べる

② 
㋐ ぼくは 本を 読む。
㋑ これは おもしろい お話だ。
・本《ほん》を 読《よ》む ・おもしろい お話《はなし》だ

③ 
㋐ わたしは 学校へ 行く。
㋑ わたしの いえは 学校から とおい。
・学校《がっこう》から とおい ・学校《がっこう》へ 行《い》く

19頁

かん字《じ》の 読《よ》み方《かた》 (1)
名前

● つぎの かん字《じ》の ちがう 読《よ》み方《かた》に 気《き》を つけて、——線《せん》の 読《よ》み方《かた》を ひらがなで 書《か》きましょう。

① 九
(くがつここのか)(きゅう)
九月 九日に、ぼくの おねえさんは 九さいに なりました。

② 日
(よっか)(にちようび)
今月《こんげつ》の 四日は 日曜日です。

③ 山
(やま)(さん)
むこうに 見《み》える 山は ふじ山です。

④ 先
(せんせい)(さき)
わたしは、先生より 先に 体《たい》いくかんに つきました。

⑤ 正
(しょうがつ)(ただ)
お正月に しせいを 正して 字《じ》を 書《か》きました。

⑥ 名
(めいじん)(なまえ)
ぼくは つり名人に 魚《さかな》の 名前を たずねました。

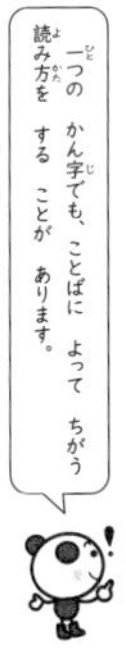

20頁

かん字《じ》の 読《よ》み方《かた》 (2)

名前

上

じょう
うえ
うわ
かみ
あ(げる)・あ(がる)
のぼ(る)

● つぎの ――線《せん》の 「上」の 字《じ》の 読《よ》み方《かた》を 書《か》きましょう。

① 台《だい》の 上に 立《た》つ。 （うえ）

② 山《やま》の ちょう上から 町《まち》を 見下《みお》ろす。 （じょう）

③ お父《とう》さんは、川上で つりを して いる。 （かみ）

④ 入《い》り口《ぐち》で 上ばきに はきかえる。 （うわ）

⑤ 学校《がっこう》の かいだんを 上る。 （のぼ）

⑥ 図書室《としょしつ》で かりた 本《ほん》を つみ上げる。 （あ）

21頁

かん字《じ》の 読《よ》み方《かた》 (3)

名前

下

か
げ
した
しも
さ(げる)・さ(がる)
くだ(る)・くだ(す)・くだ(さる)
お(ろす)・お(りる)

● つぎの ――線《せん》の 「下」の 字《じ》の 読《よ》み方《かた》を 書《か》きましょう。

① 木《き》の 下で 本《ほん》を 読《よ》む。 （した）

② 学校《がっこう》の ろう下を しずかに 歩《ある》く。 （か）

③ きゅうな さか道《みち》を 下る。 （くだ）

④ 同《おな》じ 町内《ちょうない》の 友《とも》だちと 下校する。 （げ）

⑤ おかあさんは、かいだんを ゆっくり 下りた。 （お）

⑥ ももは、川《かわ》下の 方《ほう》へと ながれて いった。 （しも）

⑦ おきゃくさんに 頭《あたま》を 下げて あいさつする。 （さ）

22頁

かん字《じ》の 読《よ》み方《かた》 (4)

名前

● つぎの かん字《じ》の、――線《せん》の ことばの 読《よ》み方《かた》を、おくりがなに 気《き》を つけて 書《か》きましょう。

① **出**

㋐ さいふから お金《かね》を 出す。 （だ）す

㋑ げんかんから 外《そと》に 出る。 （で）る

② **入**

㋐ ランドセルに 教科書《きょうかしょ》を 入れる。 （い）れる

㋑ おにいさんの へやに 入る。 （はい）る

③ **生**

㋐ かわいい 赤《あか》ちゃんが 生まれる。 （う）まれる

㋑ 元気《げんき》に 百《ひゃく》さいまで 生きる。 （い）きる

㋒ にわに 草《くさ》が 生える。 （は）える

23頁

きせつの ことば3

秋《あき》が いっぱい (1)

名前

つぎの 秋《あき》の 絵《え》を 見《み》て、こたえましょう。

(1) 秋《あき》に かんけいの ある 草《くさ》や 木《き》や 花《はな》の 名前《なまえ》を 三《みっ》つ 書《か》きましょう。

（れい） コスモス　もみじ　すすき

(2) 秋《あき》に かんけいの ある 食《た》べものの 名前《なまえ》を 二《ふた》つ 書《か》きましょう。

（れい） かき　くり

(3) 秋《あき》に かんけいの ある 虫《むし》の 名前を 二《ふた》つ 書《か》きましょう。

（れい） 赤とんぼ　こおろぎ

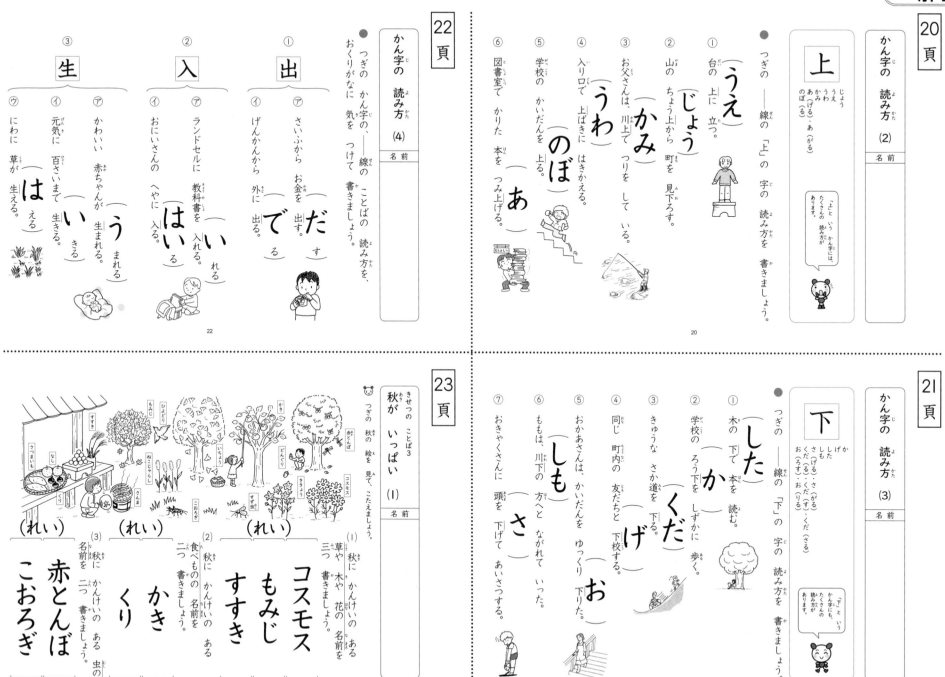

解答例

本書の解答は，あくまでもひとつの例です。児童に取り組ませる前に，必ず指導される方が問題を解いてください。指導される方の作られた解答をもとに，児童の多様な考えに寄り添って○つけをお願いします。

24頁

きせつの ことば3
秋《あき》が いっぱい (2)

名前

つぎの しを 二回《にかい》 読《よ》んで、こたえましょう。

やま

かんざわ としこ

ゆうべの あめが
すっきり はれて
㋐やまは ごきげん
㋑あかい きいろい
もみじきて
㋒くもを だっこして
すわってる

（令和二年度版 光村図書 国語二下 赤とんぼ かんざわ としこ）

(1) いま、やまは、どんな 天気《てんき》ですか。○を つけましょう。
（ ）あめ
（○）はれ

(2) やまは どんな 気分《きぶん》ですか。やまの 気分《きぶん》を あらわして いる ことばを しの 中《なか》の 四文字《よんもじ》で 書《か》きましょう。

ごきげん

(3) ㋐〜㋒では、やまは 何《なん》の ように 書《か》かれて いますか。○を つけましょう。
（○）にんげんの ように。
（ ）しょくぶつの ように。

(4) ㋐〜㋒の うち、きせつが 秋《あき》だと 分《わ》かる ところは、どれですか。記《き》ごうで こたえましょう。

㋑

25頁

そうだんに のってください

名前

さとうさんの クラスでは、こんど、町《まち》たんけんで パンやさんに 行《い》きます。さとうさんは、パンやさんで どんな ことを きくと よいかを 友《とも》だちに そうだん する ことに しました。つぎの そうだんの 話《はな》し合《あ》いの 文《ぶん》しょうを 読《よ》んで、こたえましょう。

さとう　こんどの 町《まち》たんけんで わたしは、パンの しゅるいに ついて きく つもりですが、ほかに 何《なに》を きけば いいと 思《おも》いますか。

すずき　しゅるいを きいた あとで、お店《みせ》で いちばん 人気《にんき》が ある パンは どれかを きくと いいと 思《おも》います。

やまの　人気《にんき》が ある パンの 名前《なまえ》を きくのですね。ほかには、パンやさんが どうして その しごとを えらんだのかを きいて みるのは どうですか。

たなか　いいですね。ぼくも 同《おな》じ ことを 考《かんが》えて いました。

さとう　では、パンやさんでは、パンの しゅるい、お店《みせ》で 人気《にんき》の パン、そして、パンやさんに なった わけに ついて きいてみたいと 思《おも》います。

(1) この「話《はな》し合《あ》い」で、みんなに そうだんを して いる 人《ひと》は、だれですか。

さとう さん

(2) この「話《はな》し合《あ》い」で、すずきさんの 言《い》った ことを くりかえして たしかめて いる 人《ひと》は、だれですか。

やまの さん

(3) この「話《はな》し合《あ》い」で、ほかの 人《ひと》の 話《はなし》を 聞《き》いて、じぶんの 考《かんが》えと 同《おな》じだと みんなに つたえた 人《ひと》は、だれですか。

たなか さん

26頁

馬《うま》のおもちゃの作《つく》り方《かた》 (1)

名前

つぎの 文《ぶん》しょうは、「馬《うま》のおもちゃの作《つく》り方《かた》」を せつめいしている 文《ぶん》しょうの つづきです。この 文《ぶん》しょうを 二回《にかい》 読《よ》んで、こたえましょう。

1

［まず、馬《うま》の体《からだ》や あしになる ぶひんを 作《つく》り、つぎに、馬《うま》の体《からだ》を 作《つく》ります。］

それから、馬《うま》のあしを 作《つく》ります。一《ひと》つのあしの ぶひんから、十二《じゅうに》センチメートルの 細長《ほそなが》い四角形《しかくけい》を 二《ふた》つ 切《き》り出《だ》します。㋐四《よっ》つできたら、それぞれ かたほうのはしを 二《に》センチメートル おりまげます。その後《あと》、※しゃしんのように、おりまげたところを おなかにとめます。

2

さいごに、顔《かお》を作《つく》ります。色画用紙《いろがようし》を、たて九《きゅう》センチメートル、よこ四《よん》センチメートルの 形《かたち》に切《き》ります。目《め》やはなをつけたら、首《くび》の 上《うえ》にはり、耳《みみ》をつけます。㋑、馬《うま》の おもちゃのできあがりです。

（令和二年度版 光村図書 国語二下 赤とんぼ みやもと えつよし）
※本文は教科書通り「しゃしんのように」と書いていますが、本書では、写真ではなく図を入れています。

1
(1) 上《うえ》の 文《ぶん》しょうでは、馬《うま》の おもちゃの どの ぶぶんの 作《つく》り方《かた》を せつめいして いますか。一《ひと》つに ○を つけましょう。
（ ）馬《うま》の 体《からだ》
（○）馬《うま》の あし
（ ）馬《うま》の 顔《かお》

(2) ㋐四《よっ》つできたらとは、どんな ものが 四《よっ》つ できた ときの ことですか。

十二 センチメートルの **細長い四角形**。

2
(1) ㋑に あてはまる ことばに ○を つけましょう。
（ ）つぎに　（○）これで

(2) 馬《うま》の 顔《かお》を 首《くび》の 上《うえ》に はって、耳《みみ》を つけると、何《なに》が できあがりましたか。

馬のおもちゃ

27頁

全文読解《ぜんぶんどっかい》

馬《うま》のおもちゃの作《つく》り方《かた》 (2)

名前

教科書《きょうかしょ》の「馬《うま》のおもちゃの作《つく》り方《かた》」を 読《よ》んで、こたえましょう。

● ①〜④は、馬《うま》の おもちゃの 作《つく》り方《かた》の じゅんに なって います。（ ）に あてはまる ことばを □から えらんで 書《か》きましょう。

①
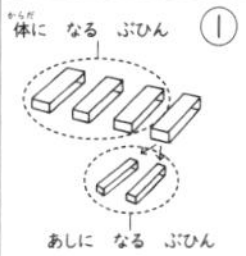

（**まず**）、馬《うま》の 体《からだ》や あしになる ぶひんを、空《あ》きばこを 切《き》り出《だ》して 作《つく》ります。

②
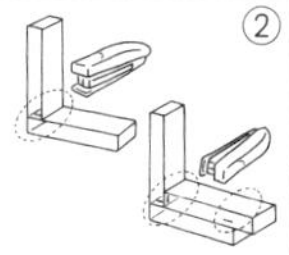

（**つぎに**）、馬《うま》の 体《からだ》を 作《つく》ります。馬《うま》の おなかと 首《くび》が かさなった ところを ホチキスで とめ、その後《あと》、せなかも ホチキスで とめます。これで、馬《うま》の 体《からだ》が できました。

③

（**それから**）、馬《うま》の あしを 作《つく》ります。あしの ぶひんを 四《よっ》つに 切《き》り出《だ》し、おなかに とめます。

④

（**さいごに**）、顔《かお》を 作《つく》ります。目《め》や はなを つけたら、首《くび》の 上《うえ》に はり、耳《みみ》を つけます。（**これで**）、馬《うま》の おもちゃの できあがりです。

・さいごに　・まず　・これで　・つぎに　・それから

28 頁

おもちゃの作り方《つく　かた》を せつめいしよう (1)

名前

つぎの 文《ぶん》しょうは、「けん玉《だま》の作《つく》り方《かた》」を せつめいしている 文《ぶん》しょうです。この 文《ぶん》しょうを 二回《にかい》 読《よ》んで、こたえましょう。

1

けん玉《だま》の作《つく》り方《かた》

ささき まな

まつぼっくりをつかった、けん玉《だま》の作《つく》り方《かた》をせつめいします。

〈㋐とどうぐ〉

・まつぼっくり 一《ひと》つ
・毛糸《けいと》（つくえのよこの長《なが》さ）
・紙《かみ》コップ 二《ふた》つ
・ガムテープ
・カラーペン

2

〈作《つく》り方《かた》〉

㋑、毛糸《けいと》のはしを、まつぼっくりにまきつけます。そして、とれないように、きつくむすびます。

㋒、毛糸《けいと》のはんたいがわのはしを、紙《かみ》コップのそこにつけます。ガムテープで、毛糸《けいと》をとめます。

（令和二年度版　光村図書　国語二下　赤とんぼ「おもちゃの作り方をせつめいしよう」による）

1 (1) ㋐に あてはまる ことば 一《ひと》つに ○を つけましょう。

(○)ざいりょう
( )作《つく》り方《かた》
( )あそび方《かた》

(2) けん玉《だま》を 作《つく》るのに、紙《かみ》コップは いくつ つかいますか。

〔二つ〕

2 (1) ㋑と ㋒に あてはまる ことばを □から えらんで 書《か》きましょう。

・つぎに　・まず

㋑〔まず〕 ㋒〔つぎに〕

(2) 毛糸《けいと》の はしを まつぼっくりに つけたら、その はんたいがわの はしは、どこに つけますか。

〔紙コップのそこ〕

29 頁

おもちゃの作り方《つく　かた》を せつめいしよう (2)

名前

つぎの 文《ぶん》しょうは、「けん玉《だま》の作《つく》り方《かた》」を せつめいしている 文《ぶん》しょうの つづきです。この 文《ぶん》しょうを 二回《にかい》 読《よ》んで、こたえましょう。

1

〈作《つく》り方《かた》〉
まず、毛糸《けいと》のはしを、まつぼっくりにまきつけます。そして、とれないように、きつくむすびます。つぎに、毛糸《けいと》のはんたいがわのはしを、紙《かみ》コップのそこにつけます。ガムテープで、毛糸《けいと》をとめます。

㋐、その毛糸《けいと》をはさむようにして、もう一《ひと》つの紙《かみ》コップをのせます。コップのそことそこをぴったり合《あ》わせて、ガムテープでしっかりとめます。

紙《かみ》コップに、カラーペンできれいなもようをつけて、㋑です。

2

〈あそび方《かた》〉

二《ふた》つの紙《かみ》コップに、じゅんばんにまつぼっくりを入《い》れてあそびます。何回《なんかい》つづけてできるか、数《かぞ》えるとたのしいですよ。

（令和二年度版　光村図書　国語二下　赤とんぼ「おもちゃの作り方をせつめいしよう」による）

1 (1) ㋐に あてはまる ことばに ○を つけましょう。

( )はじめに
(○)それから

(2) 二《ふた》つの紙《かみ》コップの そこと そこを 合《あ》わせて とめる とき、何《なに》を つかいますか。

〔ガムテープ〕

(3) ㋑に あてはまる ことばに ○を つけましょう。

( )はじまり
(○)できあがり

2 2の 文《ぶん》しょうは、「まつぼっくりを つかった けん玉《だま》」の、何《なに》を せつめいした 文《ぶん》しょうですか。一《ひと》つに ○を つけましょう。

(○)あそび方《かた》
( )作《つく》り方《かた》
( )じゅんびする もの

30 頁

かたかなで 書《か》く ことば (1)

名前

(1) ――線《せん》の かたかなの ことばは、□の 中《なか》の どの なかまに なりますか。記《き》ごうで こたえましょう。

① ねこが ニャーオと なく。　〔㋐〕

② エジソンは ゆうめいな はつめい家《か》です。　〔㋓〕

③ お寺《てら》の かねが ゴーンと 鳴《な》る。　〔㋑〕

④ 金色《きんいろ》の メダルを 首《くび》に かけた。　〔㋒〕

㋐ どうぶつの 鳴《な》き声《ごえ》
㋑ いろいろな ものの 音《おと》
㋒ 外国《がいこく》から 来《き》た ことば
㋓ 外国《がいこく》の、国《くに》や 土地《とち》、人《ひと》の 名前《なまえ》

(2) かたかなで 書《か》く ことばを 一《ひと》つずつ えらんで ○を つけましょう。

① (○)いんど
( )ふじさん
( )とうきょう

② ( )えんぴつ
(○)のうと
( )こくご

31 頁

かたかなで 書《か》く ことば (2)

名前

● つぎの ①～④は、かたかなで 書《か》く ことばです。①～④に あてはまる ことばを □から 二《ふた》つずつ えらんで かたかなで 書《か》きましょう。

① どうぶつの 鳴《な》き声《ごえ》
〔ワンワン〕〔コケコッコー〕

② いろいろな ものの 音《おと》
〔ビュービュー〕〔ゴロゴロ〕

③ 外国《がいこく》から 来《き》た ことば
〔サッカー〕〔ピアノ〕

④ 外国《がいこく》の、国《くに》や 土地《とち》、人《ひと》の 名前《なまえ》
〔アメリカ〕〔シンデレラ〕

わんわん ・あめりか ・さっかー ・びゅーびゅー
ごろごろ ・ぴあの ・しんでれら ・こけこっこー

本書の解答は，あくまでもひとつの例です。児童に取り組ませる前に，必ず指導される方が問題を解いてください。指導される方の作られた解答をもとに，児童の多様な考えに寄り添って○つけをお願いします。

32頁

かたかなで 書《か》く ことば (3)　名前

(1) つぎの 生《い》きものの 名前《なまえ》と 鳴《な》き声《ごえ》を ——線《せん》で むすびましょう。

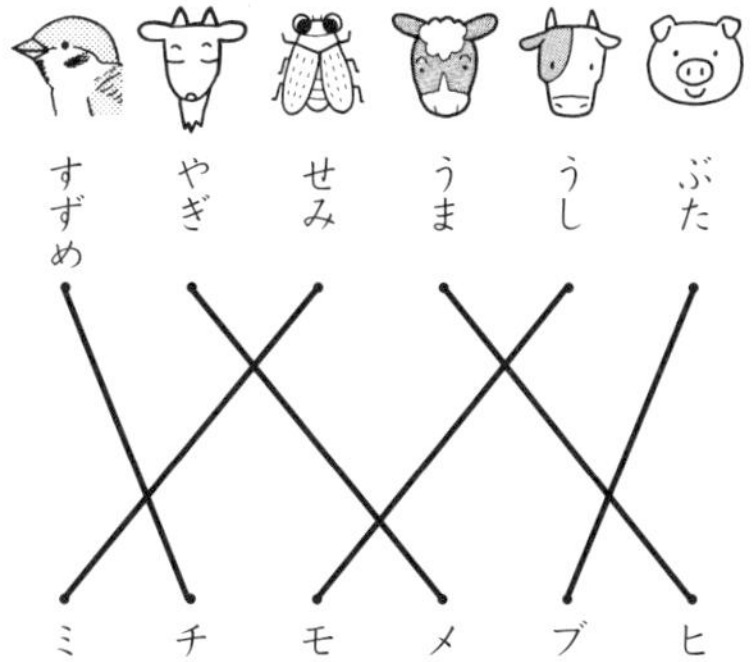

(2) つぎの どうぶつの 名前《なまえ》は、かたかなで 書《か》く ことばです。名前《なまえ》を かたかなで 書《か》きましょう。

①  ぱんだ パンダ

②  こあら コアラ

③  らいおん ライオン

④  ぺんぎん ペンギン

33頁

かたかなで 書《か》く ことば (4)　名前

● 絵《え》に あう、ものの 音《おと》を あらわす ことばを □ から えらんで、かたかなに なおして 書《か》きましょう。

①  雨《あめ》が ザーザー と はげしく ふる。

②  雨戸《あまど》を ガラガラ と あける。

③  まどガラスが ガッシャーン と われた。

④  ふみきりで カンカン と 音《おと》が 鳴《な》りだした。

⑤  電車《でんしゃ》が ガタンゴトン と やって 来《く》る。

⑥  ドアの チャイムが ピンポーン と 鳴《な》る。

ざーざー ・ がっしゃーん ・ かんかん
がらがら ・ ぴんぽーん ・ がたんごとん

34頁

かたかなで 書《か》く ことば (5)　名前

(1) つぎの ことばは かたかなで 書《か》く ことばです。ひらがなを かたかなに なおして 書《か》きましょう。

①  とらんぷ トランプ

②  ぷれぜんと プレゼント

③  てーぶる テーブル

④  ぴっちゃー ピッチャー

(2) かたかなで 書《か》く ことばを えらんで ○を つけましょう。また、えらんだ ことばを かたかなで 書《か》きなおしましょう。

① ( )かばん (○)らんどせる  → ランドセル

② (○)しちゅー ( )みそしる  → シチュー

③ (○)れすとらん ( )としょかん → レストラン

④ (○)くりすます ( )しょうがつ  → クリスマス

35頁

かたかなで 書《か》く ことば (6)　名前

(1) つぎの ——線《せん》の ことばを かたかなで 書《か》きましょう。

① 兄《あに》は ㋐まらそんの 大会《たいかい》で ㋑ごーるまで 走《はし》りきった。 

㋐ マラソン　㋑ ゴール

② ㋐こっぷが われて、子犬《こいぬ》が、㋑きゃんきゃんと ないた。 

㋐ コップ　㋑ キャンキャン

(2) つぎの 文《ぶん》の 中《なか》で かたかなで 書《か》く ことばに ——線《せん》を ひき、□に かたかなで 書《か》きましょう。

① だれかが 戸《と》を どんどんと たたく。 ドンドン

② わたしは、ふらんすへ 行ってみたい。 フランス

③ ねずみが ちゅーちゅーと 鳴《な》く。 チューチュー

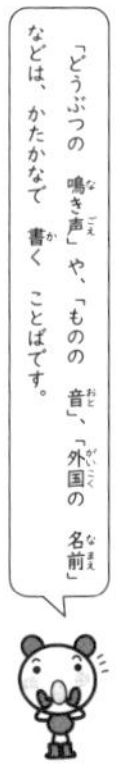

36頁

かたかなで 書《か》く ことば (7)

名前

● つぎの 文《ぶん》の 中《なか》で かたかなで 書《か》く ことばに ―線《せん》を ひき、□に かたかなで 書《か》きましょう。

① いぎりすの 人《ひと》は えいごを 話《はな》す。
〔イギリス〕

② かえるが けろけろと 鳴《な》く。

〔ケロケロ〕

③ しんでれらの 絵本《えほん》を 読《よ》む。
〔シンデレラ〕

④ 毎朝《まいあさ》 よーぐるとを 食《た》べる。

〔ヨーグルト〕

⑤ 手《て》を ぱちぱちと たたく。

〔パチパチ〕

⑥ ちゅーりっぷの 花《はな》が さく。

〔チューリップ〕

36

37頁

かたかなで 書《か》く ことば (8)

名前

● つぎの 文《ぶん》の 中《なか》で かたかなで 書《か》く ことばを 二《ふた》つずつ さがして ―線《せん》を ひき、□に かたかなで 書《か》きましょう。

① れすとらんの めにゅーを 見《み》る。
〔レストラン〕〔メニュー〕

② らいおんが 岩《いわ》の 上《うえ》で がおーと ほえる。
〔ライオン〕〔ガオー〕

③ 風《かぜ》が ぴゅーぴゅーと ふいて、まどが がたがたと 鳴《な》る。
〔ピューピュー〕〔ガタガタ〕

④ おるがんの 音《おと》に 合《あ》わせて、かすたねっとを たたく。
〔オルガン〕〔カスタネット〕

⑤ ぴざは、いたりあから 来《き》た 食《た》べものです。
〔ピザ〕〔イタリア〕

37

38頁

せかい一《いち》の話《はなし》 (1)

名前

つぎの 文《ぶん》しょうを 二回《にかい》 読《よ》んで、こたえましょう。

1

むかあしむかし、
津軽《つがる》の国《くに》の、
八甲田山《はっこうださん》の てっぺんに、
でっかい《(大《おお》きい)》わしが
すんでたと。

※津軽《つがる》…青森県《あおもりけん》の 西《にし》の 方《ほう》の よび名《な》。
※八甲田山《はっこうださん》…青森県《あおもりけん》に ある 高《たか》さ 一八一五《せんはっぴゃくじゅうご》メートルの 大《おお》きな 山《やま》。

2

㋐バホラと 一《いっ》ぺん はばたけば、
まるで大風《おおかぜ》 ふいたよう。
山《やま》の大木《たいぼく》は 根元《ねもと》から、
ボッキボッキと おれとぶし、
谷川《たにがわ》の水《みず》は さかさまに、
上《うえ》へながれて いくんだと。

（令和二年度版　光村図書　国語二下　赤とんぼ　きた　しょうすけ）

1

(1) むかし話《ばなし》の はじめに よく つかわれる ことばは、上《うえ》の 文《ぶん》しょうでは、何《なん》と 書《か》かれて いますか。

〔むかあしむかし〕

(2) 八甲田山《はっこうださん》の てっぺんに すんで いたのは、どんな どうぶつですか。一《ひと》つに ○を つけましょう。

(○) 大《おお》きな わし。
( ) 大《おお》きな わに。
( ) 大《おお》きな えび。

2

(1) ㋐バホラとは、何《なん》ですか。一《ひと》つに ○を つけましょう。

( ) 大《おお》わしの 名前《なまえ》。
(○) 大《おお》わしが はばたく 音《おと》。
( ) 大木《たいぼく》が おれる 音《おと》。

(2) 大《おお》わしが 一《いっ》ぺん はばたけば、まるで 何《なに》が ふいたようですか。

〔大風〕

38

39頁

全文読解《ぜんぶんどっかい》

せかい一《いち》の話《はなし》 (2)

名前

教科書《きょうかしょ》の 「せかい一《いち》の話《はなし》」を 読《よ》んでもらって、こたえましょう。

(1) ①～④は、お話《はなし》に 出《で》て くる どうぶつを 出《で》て くる じゅんに ならべた ものです。どうぶつの 名前《なまえ》を □から えらんで 書《か》きましょう。

①  〔大わし〕
②  〔でかえび〕
③  〔海がめ〕
④ 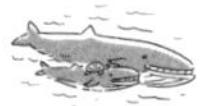 〔くじら〕

・大《おお》わし　・くじら
・海《うみ》がめ　・でかえび

(2) 大《おお》わしは 何《なに》を するために たびに 出《で》かけたのですか。○を つけましょう。

(○) せかい一《いち》 大《おお》きい じぶんを だれかに 見《み》せて いばるため。
( ) せかい一《いち》 大《おお》きい どうぶつを さがすため。

(3) (1)の ①～④の どうぶつの 中《なか》で、大《おお》わしに かわって せかいめぐりに 出《で》かけて いったのは、どの どうぶつですか。名前《なまえ》を 書《か》きましょう。

〔でかえび〕

(4) お話《はなし》の中《なか》で 出《で》て くる どうぶつの 大《おお》きさは、だんだん どう なって いきましたか。一《ひと》つに ○を つけましょう。

( ) だんだん 小《ちい》さく なって いった。
(○) だんだん 大《おお》きく なって いった。
( ) かわらなかった。

39

解答例

本書の解答は，あくまでもひとつの例です。児童に取り組ませる前に，必ず指導される方が問題を解いてください。指導される方の作られた解答をもとに，児童の多様な考えに寄り添って○つけをお願いします。

40頁

わたしはおねえさん (1)

名前

つぎの 文《ぶん》しょうを 二回《にかい》 読《よ》んで、答《こた》えましょう。

（二年生《にねんせい》の すみれちゃんは、ある 日曜日《にちようび》の 朝《あさ》、えらい おねえさんに なって、しゅくだいを しようと、つくえの 上《うえ》に ノートを 広《ひろ》げました。でも、花《か》だんの コスモスが 気《き》に なった すみれちゃんは、ノートを そのままに して、先《さき》に にわに 出《で》て 水《みず》やりを しました。）

さて、その間《あいだ》に、すみれちゃんのへやでは ㋐ちょっとしたことが おきていました。

出《だ》しっぱなしの すみれちゃんのノートに、二《に》さいになった 妹《いもうと》の かりんちゃんが、えんぴつで、何《なに》かを かきはじめたのです。

（令和二年度版 光村図書 国語二下 赤とんぼ いしい むつみ）

(1) すみれちゃんが にわに 出《で》て 水《みず》やりを して いる 間《あいだ》に、㋐ちょっとしたことが どこで おきて いましたか。

すみれちゃんのへや

(2) ㋐ちょっとしたこととは、だれが、何《なに》に、どう した ことですか。

・だれ（が）

（妹の）かりんちゃん が

・何《なに》（に）

すみれちゃんの ノート に

・どう した（こと）

えんぴつで、何《なに》かを かきはじめた こと。

(3) すみれちゃんの 妹《いもうと》は 何《なん》さいですか。

二さい

41頁

わたしはおねえさん (2)

名前

つぎの 文《ぶん》しょうを 二回《にかい》 読《よ》んで、答《こた》えましょう。

1

（すみれちゃんが、にわに 出《で》て 水《みず》やりを して いる 間《あいだ》に、妹《いもうと》の かりんちゃんは、すみれちゃんのノートに 何《なに》かを かきはじめました。）

すみれちゃんが 水《みず》やりからもどってくると、かりんちゃんは、まだ かいているさいちゅうでした。すみれちゃんは おどろいて、

あ「かりん、何《なに》してるの。」

とききました。

い「おべんきょ。」

と、かりんちゃんが 言《い》いました。

2

う「もう、かりんたら、もう。」

と、すみれちゃんは 言《い》いました。

半分《はんぶん》ぐらい、なきそうでした。もう半分《はんぶん》は、おこりそうでした。

（令和二年度版 光村図書 国語二下 赤とんぼ いしい むつみ）

1

(1) あ、いは、それぞれ、だれが 言《い》った ことばですか。

あ すみれちゃん

い かりんちゃん

(2) すみれちゃんは、どんな ことに おどろきましたか。○を つけましょう。

（　）かりんちゃんが すみれちゃんの へやに いたこと。

（○）かりんちゃんが すみれちゃんの ノートに 何《なに》かを かいて いる こと。

2

うの ことばを 言《い》った とき、すみれちゃんは どんな ようすでしたか。

半分《はんぶん》ぐらい、なきそうで、もう半分《はんぶん》は、おこりそうだった。

42頁

わたしはおねえさん (3)

名前

つぎの 文《ぶん》しょうを 二回《にかい》 読《よ》んで、答《こた》えましょう。

1

すみれちゃんには、自分《じぶん》が、なきたいのか おこりたいのか 分《わ》かりませんでした。それで、じっと、ノートを見《み》ていました。かりんちゃんがかいた ぐちゃぐちゃの ものを見《み》て いました。

2

「何《なに》よ、㋐これ。」

と、すみれちゃんは言《い》いました。すみれちゃんは、それが 何《なに》か、知《し》りたかったわけでは ありませんでした。

㋑、かりんちゃんは、「お花《はな》。」と答《こた》えました。

（令和二年度版 光村図書 国語二下 赤とんぼ いしい むつみ）

1

(1) すみれちゃんは、ノートの、何《なに》を じっと 見《み》て いたのですか。

かりんちゃんが かいた ぐちゃぐちゃ の もの。

(2) すみれちゃんが じっと ノートを 見《み》て いたのは、なぜですか。

自分《じぶん》が、なきたいのか おこりたいのか 分《わ》からなかったから。

2

(1) ㋐これとは、何《なん》の ことですか。○を つけましょう。

（　）ノート。

（○）かりんちゃんが ノートに かいた もの。

(2) ㋑に あてはまる ことば 一《ひと》つに ○を つけましょう。

（　）だから

（○）けれど

（　）やっぱり

43頁

わたしはおねえさん (4)

名前

つぎの 文《ぶん》しょうを 二回《にかい》 読《よ》んで、答《こた》えましょう。

1

あ「お花《はな》。これがお花《はな》なの。」

そう言《い》うと、すみれちゃんは、かりんちゃんを見《み》ました。かりんちゃんは、「そう。」と言《い》うように ㋐うなずきました。それから、まどの 外《そと》をゆびさして、もういちど、

い「お花《はな》。」

と言《い》いました。

2

㋑そこには、すみれちゃんが 水《みず》をやったばかりの コスモスがさいています。

すみれちゃんは、もういちど、ノートを 見《み》ました。じっと。ずっと。

（令和二年度版 光村図書 国語二下 赤とんぼ いしい むつみ）

1

(1) あ、いは、それぞれ、だれが 言《い》った ことばですか。

あ すみれちゃん

い かりんちゃん

(2) ㋐うなずきましたと おなじ ことを あらわす ことばに ○を つけましょう。

（○）首《くび》を たてに ふりました。

（　）首《くび》を よこに ふりました。

2

(1) ㋑そことは、どこの ことですか。○を つけましょう。

（○）かりんちゃんが ゆびを さした、まどの 外《そと》。

（　）かりんちゃんが ノートに かいた もの。

(2) かりんちゃんは、ノートに 何《なに》を かいた つもりだったのですか。

コスモス の花《はな》。

44頁

わたしはおねえさん (5)

名前

つぎの 文《ぶん》しょうを 二回《にかい》 読《よ》んで、答《こた》えましょう。

1

「あはは。」
すみれちゃんは
わらいだしました。
コスモスになんか
ちっとも見《み》えない
ぐちゃぐちゃの絵《え》が、
かわいく見《み》えて
きたのです。
「あはは。」
と、かりんちゃんも
わらいだしました。

2

それから、ふたりで
たくさんわらってわらって、
わらいおわると、
すみれちゃんは言《い》いました。
「じゃあ、かりん。
こんどは ㋐ねえねが
おべんきょうするから、
ちょっとどいてね。」
「いいよ。」

（令和二年度版　光村図書　国語二下　赤とんぼ　いしい　むつみ）

1

(1) すみれちゃんが 「あはは。」と わらいだしたのは、なぜですか。

「ぐちゃぐちゃ の 絵《え》が、かわいく 見《み》えてきたから。」

(2) すみれちゃんが わらいだすと、かりんちゃんは どう しましたか。

「かりんちゃんも わらいだしました（わらいだした）。」

2

(1) すみれちゃんと かりんちゃんは、ふたりで どう しましたか。一《ひと》つに ○を つけましょう。

（○）たくさん わらった。
（　）おべんきょう した。
（　）絵《え》を かいた。

(2) ㋐ねえねとは、だれの ことですか。

「すみれちゃん」

45頁

わたしはおねえさん (6)

名前

つぎの 文《ぶん》しょうを 二回《にかい》 読《よ》んで、答《こた》えましょう。

1

かりんちゃんが
いすから下《お》りて、
そのいすに すみれちゃんが
すわりました。
すみれちゃんは、
ふでばこから けしゴムを
出《だ》して、かりんちゃんが
かいた絵《え》を けそうと
しました。

2

けしかけて、 ㋐
けすのをやめて、
すみれちゃんは、つぎの
ページをひらきました。

（令和二年度版　光村図書　国語二下　赤とんぼ　いしい　むつみ）

1

(1) すみれちゃんは、ふでばこから 何《なに》を 出《だ》しましたか。

「けしゴム」

(2) すみれちゃんが けそうと した ものは、何《なん》ですか。

「かりんちゃんが かいた絵」

2

(1) ㋐に あてはまる ことば 一《ひと》つに ○を つけましょう。

（　）それで
（○）でも
（　）だから

(2) すみれちゃんは、かりんちゃんが かいた 絵《え》を どう しましたか。

（○）けそうと したが、けすのを やめた。
（　）はじめから けそうと しなかった。

46頁

お話《はなし》の さくしゃに なろう

名前

じぶんが さくしゃに なって、お話《はなし》を 書《か》いて います。つぎの 文《ぶん》しょうを 読《よ》んで、答《こた》えましょう。

ぼくは、くまの プクプク。
おかあさんと、妹《いもうと》の
ピコピコと いっしょに
赤《あか》い やねの 小《ち》さな 家《いえ》で
くらして いる。
きょうは、
ピコピコの
たんじょう日《び》。
とても 気《き》もちの
いい お天気《てんき》だ。
㋐ぼく□、ピコピコに
おいしい 魚《さかな》□ 食《た》べさせて
あげたくて、ちかくの 川《かわ》□
つりに 行《い》く ことに した。
出《で》かける とき、
おかあさんに
「野原《のはら》で、お花《はな》も つんで
きて ちょうだい。」
と たのまれた。ぼくは、
「たくさん つんで くるよ。」
と ㋑。

(1) 上《うえ》の 文《ぶん》しょうには、会話《かいわ》が 二《ふた》つ あります。かぎ（「」）を 二《に》かしょに つけましょう。

(2) 「㋐ぼく□、… した。」の 文《ぶん》の うち、あてはまる □に、「は・を・へ」の ひらがなを 一字《いちじ》ずつ 書《か》きましょう。

ぼく は、ピコピコに
おいしい 魚《さかな》 を
食《た》べさせて あげたくて、
ちかくの 川《かわ》 へ
つりに 行《い》く ことに した。

(3) ㋑に あてはまる ことばを 一《ひと》つ えらんで ○を つけましょう。

（　）きいた
（　）たずねた
（○）答《こた》えた

47頁

きせつの ことば4

冬《ふゆ》が いっぱい (1)

名前

つぎの 冬《ふゆ》の 絵《え》を 見《み》て、答《こた》えましょう。

● 冬《ふゆ》に かんけいの ある つぎの ①〜⑤を さがして、名前《なまえ》を 一《ひと》つずつ 書《か》きましょう。

① 花《はな》・草《くさ》・木《き》の 名前《なまえ》
（れい）「すいせん」

② 虫《むし》・鳥《とり》の 名前《なまえ》
（れい）「はくちょう」

③ くだもの・やさいの 名前《なまえ》
（れい）「みかん」

④ あそびの 名前《なまえ》
（れい）「ゆきがっせん」

⑤ さむい とき、体《からだ》を あたためる ものの 名前《なまえ》
（れい）「こたつ」

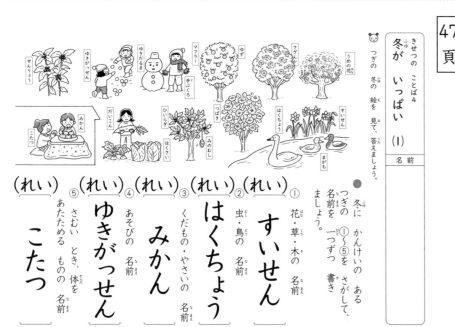

解答例

本書の解答は，あくまでもひとつの例です。児童に取り組ませる前に，必ず指導される方が問題を解いてください。指導される方の作られた解答をもとに，児童の多様な考えに寄り添って○つけをお願いします。

48頁

きせつの　ことば4

冬《ふゆ》が　いっぱい　(2)

名前

つぎの　詩《し》を　二回《にかい》　読《よ》んで、答《こた》えましょう。

ゆき　（文部省唱歌《もんぶしょうしょうか》）

ゆきや　こんこ
あられや　こんこ
ふっては　ふっては
ずんずん　つもる
やまも　のはらも
㋐わたぼうし　かぶり
㋑かれき　のこらず
はなが　さく

※かれき…かれた　木《き》。

（令和二年度版　光村図書　国語二下　赤とんぼ　「冬がいっぱい」による）

(1)　冬《ふゆ》に　空《そら》から　ふって　くる　ものを　詩《し》の　中《なか》から　二《ふた》つ　さがして、書《か》きましょう。

［ゆき］［あられ］

(2)　ゆきは　どんな　ふうに　つもって　いますか。

［ずんずん］つもる

(3)　㋐わたぼうし　かぶりとは、どんな　ようすの　ことですか。

［わた］の　ような　［ゆき］が　つもって　いる　ようす。

(4)　㋑かれき…さくとは、どんな　ようすの　ことですか。○を　つけましょう。

（○）木《き》に　つもった　ゆきが、花《はな》の　ように　見《み》える　ようす。

（　）春《はる》が　ちかづき、かれた　木《き》に　めが　出《で》て、花《はな》が　さいた　ようす。

49頁

詩《し》の楽《たの》しみ方《かた》を見《み》つけよう

ねこのこ

名前

つぎの　詩《し》を　二回《にかい》　読《よ》んで、答《こた》えましょう。

ねこのこ　おおくぼ　ていこ

あくび　ゆうゆう
あまえて　ごろごろ
たまご　ころころ
けいと　もしゃもしゃ
かくれても　㋐ちりん
しかられて　しゅん
よばれて　つん
ミルクで　にゃん

（令和二年度版　光村図書　国語二下　赤とんぼ　おおくぼ　ていこ）

(1)　つぎの　①～④の　ねこのこの　ようすは、どんな　ことばで　書《か》かれて　いますか。

①　あくびを　して、ゆったりと　して　いる　ようす。

［ゆうゆう］

②　あまえて　いる　ようす。

［ごろごろ］

③　たまごを　ころがして　いる　ようす。

［ころころ］

④　毛糸《けいと》で　あそんで　いる　ようす。

［もしゃもしゃ］

(2)　㋐ちりんの　ように、音《おと》や　ようすを　あらわす、「ん」で　おわる　ことばが　四《よっ》つ　あります。ぜんぶ　書《か》きましょう。

［ちりん］［しゅん］［つん］［にゃん］

50頁

詩《し》の楽《たの》しみ方《かた》を見《み》つけよう

おとのはなびら

名前

つぎの　詩《し》を　二回《にかい》　読《よ》んで、答《こた》えましょう。

おとのはなびら　のろ　さかん

ピアノのおとに　いろがついたら
ポロン　ピアノが　なるたびに
ポロン　ピアノが　なるたびに
おとのはなびら　へやにあふれて
にわにあふれて
おとのかだんを　つくるかしら

（令和二年度版　光村図書　国語二下　赤とんぼ　のろ　さかん）

(1)　この　詩《し》で　くりかえされて　いる　一行《いちぎょう》を、書《か》き出《だ》しましょう。

［ポロン　ピアノが　なるたびに］

(2)　「おとのはなびら」の　「おと」とは、何《なん》の　音《おと》ですか。

［ピアノ］の　音《おと》。

(3)　「おとのはなびら」は、どこに　あふれて　いますか。二《ふた》つ　書《か》きましょう。

［へや］［にわ］

(4)　「おとのはなびら」が　たくさん　あふれて　つくる　ものは　何《なん》ですか。

［おとのかだん］

51頁

にたいみのことば、はんたいのいみのことば

にた　いみの　ことば　(1)

名前

(1)　つぎの　――線《せん》の　ことばと　にた　いみの　ことばを、□から　えらんで　書《か》きましょう。

①　先生《せんせい》に　言《い》う。

話《はな》す　・　聞《き》く

［話す］

②　うつくしい　夕日《ゆうひ》を　見《み》る。

小《ちい》さい　・　きれいな

［きれいな］

(2)　つぎの　――線《せん》の　ことばと　にた　いみの　ことばを、□から　えらんで　書《か》きましょう。

①　とびらを　あける。

［ひらく］

②　古《ふる》い　新聞《しんぶん》を　ひもで　しばる。

［くくる］

③　友《とも》だちに　時間《じかん》を　たずねる。

［聞く］

聞《き》く　・　ひらく　・　くくる

52頁

にたいみのことば、はんたいのいみのことば

にた いみの ことば (2)

名前

(1) つぎの ―線《せん》の ことばと にた いみの ことばを、□から えらんで 書《か》きましょう。

① まっすぐな 道《みち》を すすむ。　どうろ

② 楽《たの》しい ときを すごす。　時間

③ 考《かんが》えた 理由《りゆう》を 話《はな》す。　わけ

時間《じかん》・わけ・どうろ

(2) つぎの ―線《せん》の ことばと にた いみの ことばを、□から えらんで 書《か》きましょう。

① 星空《ほしぞら》を ながめる。　見る

② おかあさんは にっこり ほほえむ。　わらう

③ 友《とも》だちに 弟《おとうと》の ことを しゃべる。　言う

言《い》う・見《み》る・わらう

53頁

にたいみのことば、はんたいのいみのことば

はんたいの いみの ことば (1)
(なまえことば)

名前

(1) つぎの ことばと、はんたいの いみの ことばを 書《か》きましょう。
(①の 答《こた》えは かん字《じ》で 書《か》きましょう。)

①  上《うえ》 ↕ 下 

②  たて ↕ よこ 

③  おとな ↕ こども 

(2) つぎの ―線《せん》の ことばと、はんたいの いみの ことばを □から えらんで 書《か》きましょう。

① 右《みぎ》へ まがる。  ↕ 左 へ まがる。 

② 家《いえ》の 中《なか》。  ↕ 家《いえ》の 外。 

③ 前《まえ》を むく。  ↕ 後ろ を むく。 

外《そと》・左《ひだり》・後《うし》ろ

54頁

にたいみのことば、はんたいのいみのことば

はんたいの いみの ことば (2)
(ようすことば)

名前

● つぎの ―線《せん》の ことばと、はんたいの いみの ことばを 書《か》きましょう。

① 
この 魚《さかな》は 大《おお》きい。 ↔ この 魚《さかな》は 小さい。

② 
この かばんは おもい。 ↔ この かばんは かるい。

③ 
この ロープは 長い。 ↔ この ロープは みじかい。

④ 
りんごの 数《かず》が 多い。 ↔ りんごの 数《かず》が 少《すく》ない。

55頁

にたいみのことば、はんたいのいみのことば

はんたいの いみの ことば (3)
(ようすことば「あつい」)

名前

● つぎの ①〜③の 「あつい」の 絵《え》に あう はんたいの いみの ことばを、□から えらんで 書《か》きましょう。

① 
あつい お茶《ちゃ》。 ↔ つめたい 水《みず》。

② 
夏《なつ》は あつい。 ↔ 冬《ふゆ》は さむい。

③ 
あつい 本《ほん》。 ↔ うすい 本《ほん》。

さむい・うすい・つめたい

①は お茶《ちゃ》や 水《みず》の おんど、②は きおん、③は 本《ほん》の ぶあつさ の ことを あらわして いるね。

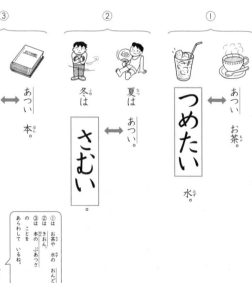

解答例

本書の解答は，あくまでもひとつの例です。児童に取り組ませる前に，必ず指導される方が問題を解いてください。指導される方の作られた解答をもとに，児童の多様な考えに寄り添って○つけをお願いします。

56頁

にたいみのことば、はんたいのいみのことば
はんたいの いみの ことば (4)
（ようすことば）

名前

● つぎの ——線《せん》の ことばと、はんたいの いみの ことばを □ から えらんで 書《か》きましょう。

① 近《ちか》い ところ。 ↕ とおい ところ。

② スピードが おそい。 ↕ スピードが はやい。

③ 新《あたら》しい ノート。 ↕ 古い ノート。

④ 力《ちから》が つよい。 ↕ 力《ちから》が よわい。

⑤ たかい 山《やま》。 ↕ ひくい 山《やま》。

⑥ ねだんが たかい。 ↕ ねだんが やすい。

ひくい ・ よわい ・ はやい
とおい ・ やすい ・ 古《ふる》い

57頁

にたいみのことば、はんたいのいみのことば
はんたいの いみの ことば (5)
（うごきことば「ぬぐ」）

名前

● つぎの ①〜③の 「ぬぐ」の 絵《え》に あう はんたいの いみの ことばを、□ から えらんで 書《か》きましょう。

①

くつを ぬぐ。 ↔ くつを はく。

②

ふくを ぬぐ。 ↔ ふくを きる。

③

ぼうしを ぬぐ。 ↔ ぼうしを かぶる。

かぶる ・ きる ・ はく

58頁

にたいみのことば、はんたいのいみのことば
はんたいの いみの ことば (6)
（うごきことば）

名前

● つぎの ——線《せん》の ことばと、はんたいの いみの ことばを □ から えらんで 書《か》きましょう。

① 山《やま》に のぼる。 ↕ 山《やま》を 下りる。

② へやに 入《はい》る。 ↕ へやを 出る。

③ いすに すわる。 ↕ いすの 前《まえ》に 立つ。

④ しあいに かつ。 ↕ しあいに まける。

⑤ 車《くるま》が うごく。 ↕ 車《くるま》が とまる。

⑥ 朝《あさ》、早《はや》く おきる。 ↕ 夜《よる》、早《はや》く ねる。

ねる ・ 下《お》りる ・ とまる
立《た》つ ・ まける ・ 出《で》る

59頁

おにごっこ (1)

名前

つぎの 文《ぶん》しょうを 二回《にかい》 読《よ》んで、こたえましょう。

1

おにごっこには、さまざまな あそび方《かた》が あります。

あそび方《かた》の一《ひと》つに、「てつぼうよりむこうに にげてはだめ。」など、にげてはいけない ところを きめるものが あります。

2

にげる人《ひと》が、どこへでも 行《い》くことができたら、おには、つかまえるのが たいへんです。同《おな》じ人《ひと》が、ずっと、おにを することになるかも しれません。にげてはいけないところを きめることで、おには、にげる人《ひと》をつかまえやすく なります。

（令和二年度版 光村図書 国語二下 赤とんぼ もりした はるみ）

1 おにごっこの あそび方《かた》の 一《ひと》つに どのような あそび方《かた》が あると、書《か》いて ありますか。

〔 にげてはいけないところ 〕を きめる あそび方《かた》。

2

(1) にげる 人《ひと》が、どんな ことが できたら、おには、つかまえる のが たいへんですか。文《ぶん》しょうから 書《か》き出《だ》しましょう。

〔 どこへでも行くこと 〕

(2) にげては いけない ところを きめる ことで、おには、どう なりますか。○を つけましょう。

（ ）にげる 人《ひと》を つかまえる のが たいへんに なる。

（○）にげる 人《ひと》を つかまえ やすく なる。

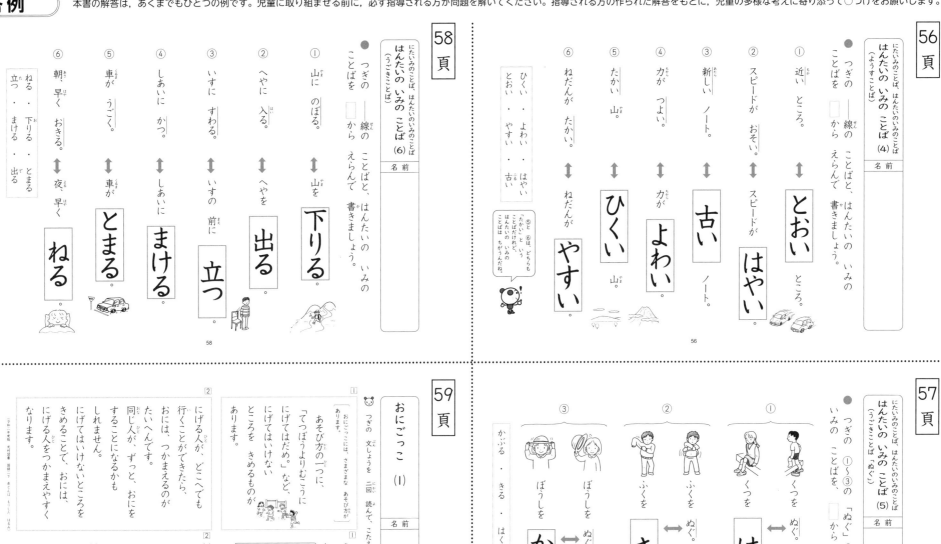

本書の解答は，あくまでもひとつの例です。児童に取り組ませる前に，必ず指導される方が問題を解いてください。指導される方の作られた解答をもとに，児童の多様な考えに寄り添って○つけをお願いします。

解答例

60頁

おにごっこ (2)

名前

つぎの 文《ぶん》しょうを 二回《にかい》 読《よ》んで、こたえましょう。

〔おにごっこの さまざまな あそび方《かた》について せつめいして いる 文《ぶん》しょうです。〕

また、
「じめんにかいた
丸《まる》の中《なか》にいれば、
つかまらない。」
「木《き》にさわっていれば、
つかまらない。」
のように、
にげる人《ひと》だけが
入《はい》れるところを作《つく》ったり、
つかまらないときを
きめたりする
あそび方《かた》もあります。

(令和二年度版 光村図書 国語二下 赤とんぼ もりした はるみ)

(1) おにごっこの、どんな あそび方《かた》が ありますか。

にげる 人《ひと》だけが **入れるところ** を 作《つく》ったり、**つかまらないとき** を きめたりする あそび方《かた》。

(2) この あそび方《かた》の れいと して どのように して いれば、つかまらない あそび方《かた》が 書《か》いて ありますか。二《ふた》つ 書《か》きましょう。

じめんに かいた 丸の中に いれば、つかまらない。

木にさわって いれば、つかまらない。

60

61頁

おにごっこ (3)

名前

つぎの 文《ぶん》しょうを 二回《にかい》 読《よ》んで、こたえましょう。

1

〔「にげる 人《ひと》だけが 入《はい》れる ところを 作《つく》ったり、つかまらない ときを きめたり する」と いう おにごっこの あそび方《かた》に ついて せつめい して いる 文《ぶん》しょうの つづきです。〕

おにになった人《ひと》の足《あし》が
はやければ、にげる人《ひと》は
みんな、すぐに
つかまってしまいます。

2

㋐このようにきめることで、
にげる人《ひと》がかんたんには
つかまらないように
なります。
そして、つかれた人《ひと》も、
走《はし》るのがにがてな人《ひと》も、
すぐにはつかまらずに、
あそぶことができます。

(令和二年度版 光村図書 国語二下 赤とんぼ もりした はるみ)

1 おにに なった 人《ひと》の 足《あし》が はやければ、どう なりますか。

にげる 人《ひと》は みんな、**すぐに つかまって** しまいます。

2 (1) ㋐このようにきめると、にげる 人《ひと》は どう なりますか。○を つけましょう。

( ) にげる 人《ひと》が、おにに つかまりやすく なる。
(○) にげる 人《ひと》が、おにに すぐには つかまらないように なる。

(2) ㋐このようにきめると、にげる 人《ひと》が どのような 人《ひと》の ときも、すぐには つかまらないと 書《か》いて ありますか。二《ふた》つ 書《か》きましょう。

つかれた人

走るのがにがてな人

61

62頁

おにごっこ (4)

名前

つぎの 文《ぶん》しょうを 二回《にかい》 読《よ》んで、こたえましょう。

1

〔おにごっこの さまざまな あそび方《かた》に ついて せつめいして いる 文《ぶん》しょうです。〕

ほかに、
「おにが交代《こうたい》せずに、
つかまった人《ひと》が、
みんなおにになって
おいかける。」という
あそび方《かた》もあります。

2

このあそび方《かた》だと、
おにの数《かず》が
ふえていくので、
おには、にげる人《ひと》を
つかまえやすく
なります。

(令和二年度版 光村図書 国語二下 赤とんぼ もりした はるみ)

1 ほかに、おにごっこの、どんな あそび方《かた》が ありますか。

おにが 交代《こうたい》せずに、**つかまった人** が、みんな **おに** に なって **おいかける** という あそび方《かた》。

2 (1) この あそび方《かた》だと、何《なに》が ふえて いきますか。

おにの数

(2) この あそび方《かた》だと、おには、どう なりますか。

( ) おには、にげる 人《ひと》を つかまえにくく なる。
(○) おには、にげる 人《ひと》を つかまえやすく なる。

62

63頁

おにごっこ (5)

名前

つぎの 文《ぶん》しょうを 二回《にかい》 読《よ》んで、こたえましょう。

1

〔「おにが 交代《こうたい》せずに、つかまった 人《ひと》が、みんな おにに なって おいかける。」と いう おにごっこの あそび方《かた》に ついて せつめいして いる 文《ぶん》しょうの つづきです。〕

また、にげる人《ひと》は、
㋐おにがひとりのときより、
にげるところを
くふうしたり、
じょうずに走《はし》ったり
しなければなりません。

2

「つかまりそうだ。」と、
㋑ することもふえて、
おにごっこが、
もっとおもしろく
なります。

(令和二年度版 光村図書 国語二下 赤とんぼ もりした はるみ)

1 ㋐おにが ひとりの ときと くらべて、にげる 人《ひと》は、どんな ことを しなければ なりませんか。二《ふた》つ 書《か》きましょう。

にげる ところを **くふう** する こと。

じょうずに 走《はし》る こと。

2 (1) ㋑ に あてはまる ことばを 一《ひと》つ えらんで ○を つけましょう。

( ) うきうき
(○) どきどき
( ) しょんぼり

(2) この あそび方《かた》だと、おにごっこは、どう なりますか。

もっと おもしろく なります。

63

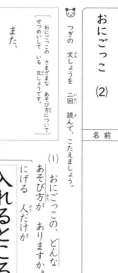

解答例

本書の解答は，あくまでもひとつの例です。児童に取り組ませる前に，必ず指導される方が問題を解いてください。指導される方の作られた解答をもとに，児童の多様な考えに寄り添って○つけをお願いします。

64 頁

本《ほん》での　じょうほう　しらべ方《かた》

名前

あやかさんの　クラスでは、図書館《としょかん》で、あそびに　ついて　書《か》かれた　本《ほん》を　えらんで　読《よ》む　ことに　なりました。つぎの　もんだいに　答《こた》えましょう。

(1)　あやかさんは、二人《ふたり》で　楽《たの》しめる　あやとりの　あそび方《かた》に　ついて　しらべる　ことに　しました。

① まず、図書館《としょかん》で　本《ほん》を　さがします。つぎの　うち、どの　本《ほん》を　さがすと　よいでしょう。一《ひと》つに　○を　つけましょう。

(　)せかいの　いろいろな　あそびと　その　あそび方《かた》。

(　)うんどう場《じょう》で　する　あそびと　その　あそび方《かた》。

(〇)いろいろな　あやとりの　あそび方《かた》。

② あやかさんは、本《ほん》の　中《なか》で　どんな　ことに　ついて　しらべようと　して　いますか。一《ひと》つに　○を　つけましょう。

(　)ひとりあやとりの　あそび方《かた》。

(〇)ふたりあやとりの　あそび方《かた》。

(　)外国《がいこく》の　あやとりの　しょうかい。

(2)　本《ほん》を　読《よ》んで、分《わ》かった　ことを　メモします。メモの　しかたで　正《ただ》しい　方《ほう》に　○を　つけましょう。

(　)分《わ》かった　こと　だけを　メモして　おけば　よい。

(〇)分《わ》かった　ことと　いっしょに、ひっしゃの　名前《なまえ》と　だいめいも　メモする。

65 頁

ようすを　あらわす　ことば　(1)

名前

● つぎの　文《ぶん》の　□に　あてはまる　ことばを、□から　えらんで　書《か》きましょう。

①
魚《うお》が　**すいすい**　と　およぐ。
赤《あか》ちゃんが　**すやすや**　と　ねむる。

すやすや　・　すいすい

②
さむさで　体《からだ》が　**ぶるぶる**　と　ふるえる。
新聞紙《しんぶんし》を　**びりびり**　と　やぶる。

ぶるぶる　・　びりびり

③
星《ほし》が　**きらきら**　と　かがやく。
お日《ひ》さまが　**ぎらぎら**　と　てりつける。

ぎらぎら　・　きらきら

66 頁

ようすを　あらわす　ことば　(2)

名前

● つぎの　文《ぶん》の　□に　あてはまる　ことばを、□から　えらんで　書《か》きましょう。

①
こおりを　入《い》れた　**つめたい**　水《みず》を　のむ。
はげしい　風《かぜ》で、かさが　とばされそうだ。

はげしい　・　つめたい

②
朝《あさ》まで　**ぐっすり**　と　ねむる。
かばんが　**ずっしり**　と　おもい。

ぐっすり　・　ずっしり

③
ようふくが　**ぴったり**　と　体《からだ》に　合《あ》う。
おふろに　**ゆったり**　と　つかる。

ゆったり　・　ぴったり

67 頁

ようすを　あらわす　ことば　(3)

名前

(1)　つぎの　═線《せん》の、たとえを　つかって　いる　ことばは、どのような　ようすを　あらわして　いますか。○を　つけましょう。

①　雨《あめ》が、たきのように　ふりだした。

(〇)雨《あめ》が、たきのように　いきおいよく　ふる　ようす。

(　)雨《あめ》が、たきのように　よわく　ふる　ようす。

②　わたがしのような　雲《くも》が、空《そら》に　うかんで　いる。

(　)雲《くも》が、わたがしのように　あまくて　おいしい　ようす。

(〇)雲《くも》が、わたがしのように　白《しろ》く　ふわふわして　いる　ようす。

(2)　つぎの　文《ぶん》の　□に　あてはまる　ことばを、□から　えらんで　書《か》きましょう。

① **ぞうのように**　どっしりと　して　いる。

② **ねずみのように**　ちょろちょろ　うごく。

③ **さるのように**　するすると　木《き》に　のぼる。

さるのように　・　ねずみのように　・　ぞうのように

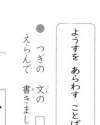

68頁

ようすを　あらわす　ことば (4)

名前

(1)　つぎの　ことばの　つかい方《かた》が　正《ただ》しい　方《ほう》に　○を　つけましょう。

①　けむりが　（○）もくもく　（　）もぐもぐ　と　あがる。

②　弟《おとうと》は　（　）ぶんぶん　（○）ぷんぷん　と　おこって　いる。

③　公園《こうえん》に　こどもが　（　）とんとん　（○）どんどん　ふえて　くる。

(2)　つぎの　文《つぎ》の　①～③に　あてはまる　ことばを、□から　えらんで　書《か》きましょう。（ことばは　一回《いっかい》ずつ　つかいましょう。）

おとうさんが　ホットケーキを　やいて　くれました。①と　した　ホットケーキに　はちみつを　②と　かけて、妹《いもうと》と　いっしょに　③と　食《た》べました。

たっぷり　・　ぱくぱく　・　ふわふわ

①　ふわふわ

②　たっぷり

③　ぱくぱく

69頁

見《み》たこと、かんじたこと

名前

つぎの　詩《し》を　二回《にかい》　読《よ》んで　答《こた》えましょう。

オクラ

やね　りお

はっぱのおもては㋐
つるつる
うらは　ざらざら
はじっこぎざぎざ
わたしのオクラ
おおきくなあれ

（令和二年度版　光村図書　国語二下　赤とんぼ「見たこと、かんじたこと」による）

(1)　だれが　書《か》いた　詩《し》ですか。書《か》いた　人《ひと》の　名前《なまえ》を　書《か》きましょう。

やね　りお

(2)　何《なに》を　見《み》て、書《か》いた　詩《し》ですか。

オクラ　の　はっぱ。

(3)　㋐おもては　つるつるの　ように、はっぱの　ようすを　書《か》いて　いる　ことばを、ほかに　二《ふた》つ　見《み》つけて　書《か》きましょう。

うらは　ざらざら

はじっこ　ぎざぎざ

(4)　詩《し》の　さくしゃが　オクラに　よびかけて　いる　ことばを　七文字《しちもじ》で　書《か》き出《だ》しましょう。

おおきくなあれ

70頁

楽《たの》しかったよ、二年生《にねんせい》

名前

つぎの　文《ぶん》しょうは、さきさんが　一年《いちねん》を　ふりかえって　考《かんが》えた　ことを　はっぴょうした　文《ぶん》しょうです。この　文《ぶん》しょうを　読《よ》んで、答《こた》えましょう。

わたしは、てつぼうの　さかあがりが　できるように　なった　ことが、いちばん　心《こころ》に　のこって　います。
体《たい》いくの　時間《じかん》、わたしは、さかあがりが　できなくて、とても　くやしく　なりました。
それから、わたしは、休《やす》み時間《じかん》に　なると、さかあがりの　れんしゅうを　つづけました。
れんしゅう　して　いると、りこさんが、やって来《き》て、「うでを　しっかり　まげてみて。」と　教《おし》えて　くれました。そして、れんしゅうの　間《あいだ》、りこさんは、「もう少《すこ》しだよ。」と　おうえん　して　くれました。何日《なんにち》も　れんしゅうして、㋐、さかあがりが　できました。
はじめて　さかあがりが　できた　ときは、りこさんも　いっしょに　大《おお》よろこび　して　くれて、とても　うれしく　なりました。

(1)　さきさんは、どんな　ことが　いちばん　心《こころ》に　のこって　いると、はっぴょうしましたか。

てつぼうの　さかあがり　が　できるように　なった　こと。

(2)　さきさんの　さかあがりの　れんしゅうを　おうえんして　くれたのは、だれですか。

りこ（さん）

(3)　㋐に　あてはまる　ことばを　一《ひと》つ　えらんで　○を　つけましょう。

（　）やっぱり
（　）けれども
（○）とうとう

71頁

カンジーはかせの　大《だい》はつめい (1)

名前

(1)　つぎの　二《ふた》つの　かん字《じ》を　合体《がったい》させると、どんな　かん字《じ》が　できますか。できた　かん字《じ》を　□に　書《か》きましょう。

①　田《た》＋力《ちから》→　男

②　石《いし》＋山《やま》→　岩

③　日《ひ》＋月《つき》→　明

④　口《くち》＋鳥《とり》→　鳴

(2)　つぎの　■の　かん字《じ》を　合体《がったい》させると　かん字《じ》を　作《つく》るためには、どのような　二《ふた》つの　かん字《じ》を　書《か》きましょう。□に　入《はい》る　かん字《じ》を　いいでしょう。

①　生＋日《ひ》→　星《ほし》

②　糸《いと》＋田→　細《ほそ（い）》

本書の解答は，あくまでもひとつの例です。児童に取り組ませる前に，必ず指導される方が問題を解いてください。指導される方の作られた解答をもとに，児童の多様な考えに寄り添って○つけをお願いします。

72頁

カンジーはかせの 大《だい》はつめい (2)

名前

(1) 二《ふた》つの かん字《じ》で ことばを つくります。つぎの ①～③の かん字の 後《あと》に つけたすと、ことばが できる かん字《じ》を、—線《せん》で むすびましょう。また、できた ことばを □に 書《か》きましょう。

① 花 — 川　② 毛 — 火　③ 谷 — 糸

① 花火　② 毛糸　③ 谷川

できた ことばの 読《よ》み方《かた》も 声《こえ》に 出《だ》して 読《よ》んでみよう。分《わ》かるかな。

(2) 二《ふた》つの かん字《じ》で ことばを つくります。□に 入《はい》る かん字《じ》を □から えらんで 書《か》き、読《よ》みがなを（ ）に 書《か》きましょう。

生・話・前

① 名前（なまえ）
② 先生（せんせい）
③ 会話（かいわ）

73頁

ことばを 楽《たの》しもう

名前

(1) つぎの ことばは、上《うえ》から 読《よ》んでも 下《した》から 読《よ》んでも 同《おな》じ 読《よ》みに なる ことばです。□に 入《はい》る ひらがなを 書《か》きましょう。

① やおや
② しんぶんし
③ にわとりとわに

上《うえ》から 読《よ》んでも 「やおや」、下《した》から 読《よ》んでも 「やおや」 だね。

(2) つぎの ことばが、上《うえ》から 読《よ》んでも 下《した》から 読《よ》んでも 同《おな》じ 読《よ》みに なるように、□に 入《はい》る ひらがなを 書《か》きましょう。

① うたうたう
② るすにする
③ いるかはかるい

★の 文字《もじ》が、まん中《なか》に なる 文字《もじ》だよ。書《か》けたら、声《こえ》に 出《だ》して 上《うえ》から 読《よ》んだり 下《した》から 読《よ》んだり してみよう。

74頁

スーホの白《しろ》い馬《うま》 (1)

名前

つぎの 文《ぶん》しょうを 二回《にかい》 読《よ》んで、答《こた》えましょう。

1

むかし、
モンゴルの草原《そうげん》に、
スーホという、
まずしい
ひつじかいの少年《しょうねん》が
いました。

2

スーホは、年《とし》とった おばあさんとふたりきりで、くらしていました。

スーホは、おとなにまけない くらい、よくはたらき ました。毎朝《まいあさ》、早《はや》くおきると、スーホは、おばあさんを たすけて、ごはんのしたくを します。それから、二十頭《にじゅっとう》あまりのひつじをおって、広《ひろ》い広《ひろ》い草原《そうげん》に出《で》ていきました。

1

(1) スーホが くらして いたのは、どこですか。

〔モンゴルの草原〕

(2) スーホは、何《なん》の しごとを して いましたか。

〔ひつじかい〕

2

(1) スーホは、だれと くらして いましたか。

〔(年とった)おばあさん〕

(2) スーホが 毎朝《まいあさ》 して いた ことは、どんな ことですか。二《ふた》つに ○を つけましょう。

（ ）べんきょう。

（○）ごはんの したく。

（○）たくさんの ひつじを おって、草原《そうげん》に 出《で》て いく こと。

（ ）おそくまで ねて いた。

75頁

スーホの白《しろ》い馬《うま》 (2)

名前

つぎの 文《ぶん》しょうを 二回《にかい》 読《よ》んで、答《こた》えましょう。

1

スーホは、
とても歌《うた》がうまく、
ほかのひつじかいたちに
たのまれて、よく歌《うた》を
歌《うた》いました。スーホの
うつくしい歌声《うたごえ》は、
草原《そうげん》をこえ、
遠《とお》くまで
ひびいて
いくのでした。

2

㋐ある日《ひ》のことでした。

日《ひ》は、もう遠《とお》い山《やま》の むこうにしずみ、あたりは、ぐんぐん くらくなってくるのに、スーホが帰《かえ》ってきません。

1

(1) スーホは、だれに たのまれて よく 歌《うた》を 歌《うた》いましたか。

〔ほかのひつじかいたち〕

(2) スーホの うつくしい 歌声《うたごえ》は、どんな ふうに ひびいて いきましたか。

〔草原 を こえ、遠くまで ひびいて いった。〕

2

(1) ㋐ある日《ひ》のこととは、一日《いちにち》の うちの いつごろの ことですか。一《ひと》つに ○を つけましょう。

（ ）朝《あさ》 早《はや》く。

（ ）昼《ひる》。

（○）もうすぐ 夜《よる》に なるとき。

(2) ㋐ある日《ひ》のこと、どんな ことが あったのですか。

〔スーホが 帰ってきません。（帰ってこない）〕

76頁

スーホの白《しろ》い馬《うま》 (3)

名前

つぎの 文《ぶん》しょうを 二回《にかい》 読《よ》んで、答《こた》えましょう。

1

〔ある日《ひ》、あたりは、くらくなって くるのに、スーホが 帰《かえ》って きません。〕

おばあさんは、しんぱいに なってきました。近《ちか》くにすむ ひつじかいたちも、どうしたのだろうと、さわぎはじめました。

2

みんながしんぱいで たまらなくなったころ、スーホが、何《なに》か㋐白《しろ》いものを だきかかえて、帰《かえ》って きました。

みんながそばに かけよってみると、それは、生《う》まれたばかりの、小《ちい》さな白《しろ》い馬《うま》でした。

（令和二年度版 光村図書 国語二下 赤とんぼ おおつか ゆうぞう）

1

(1) スーホが 帰《かえ》って こない ことで、おばあさんは、どんな 気《き》もちに なって きましたか。

〔しんぱい に なって きました。〕

(2) どうしたのだろうと、さわぎ はじめたのは、だれですか。

〔（近くにすむ）ひつじかいたち〕

2

(1) スーホが 帰《かえ》って きたのは、みんなが どう なった ころですか。○を つけましょう。

（　）さわぎはじめた ころ。

（○）しんぱいで たまらなく なった ころ。

(2) スーホが だきかかえて きた ㋐白《しろ》いものとは、何《なん》でしたか。

〔（生まれたばかりの、小さな）白い馬〕

77頁

スーホの白《しろ》い馬《うま》 (4)

名前

つぎの 文《ぶん》しょうを 二回《にかい》 読《よ》んで、答《こた》えましょう。

1

〔スーホが、心《こころ》を こめて せわした おかげで、子馬《こうま》は、すくすくと そだちました。体《からだ》は 白《しろ》く 引《ひ》きしまって、だれでも 見《み》とれる ほどでした。〕

ある年《とし》の春《はる》、草原《そうげん》いったいに、知《し》らせがつたわってきました。このあたりをおさめている とのさまが、町《まち》でけい馬《ば》の 大会《たいかい》をひらくというのです。そして、一等《いっとう》になったものは、とのさまのむすめとけっこん させるというのでした。

※けい馬《ば》…人《ひと》が 馬《うま》に のって はやさを きょうそうする こと。

2

この知《し》らせを聞《き》くと、なかまのひつじかいたちは、スーホにすすめました。

「ぜひ、白馬《しろうま》に のって、けい馬《ば》に 出《で》てごらん。」

（令和二年度版 光村図書 国語二下 赤とんぼ おおつか ゆうぞう）

1

(1) けい馬《ば》の 大会《たいかい》は、どこで ひらかれますか。

〔町〕

(2) だれが、けい馬《ば》の 大会《たいかい》を ひらくと いうのですか。

〔とのさま〕

(3) けい馬《ば》の 大会《たいかい》で 一等《いっとう》に なった ものは、どんな よい ことが あると いうのですか。○を つけましょう。

（　）とのさまに なる。

（○）とのさまの むすめと けっこんできる。

2

なかまの ひつじかいたちは、スーホに どんな ことを すすめましたか。

〔白馬 に のって、けい馬 に 出《で》る こと。〕

78頁

スーホの白《しろ》い馬《うま》 (5)

名前

つぎの 文《ぶん》しょうを 二回《にかい》 読《よ》んで、答《こた》えましょう。

1

そこでスーホは、白馬《しろうま》に またがり、ひろびろとした草原《そうげん》をこえて、けい馬《ば》の ひらかれる町《まち》へ むかいました。

2

けい馬《ば》がはじまりました。たくましいわかものたちは、いっせいにかわのむちを ふりました。馬《うま》は、とぶように かけます。でも、先頭《せんとう》を 走《はし》っていくのは、白馬《しろうま》です。スーホののった白馬《しろうま》です。

「白《しろ》い馬《うま》が一等《いっとう》だぞ。㋐白《しろ》い馬《うま》の のり手《て》をつれてまいれ。」

とのさまはさけびました。

（令和二年度版 光村図書 国語二下 赤とんぼ おおつか ゆうぞう）

1

スーホは、何《なに》に またがって、どこへ むかいましたか。

〔白馬 に またがって、けい馬 の ひらかれる 町 へ むかった。〕

2

(1) けい馬《ば》が はじまった とき、たくましい わかものたちが いっせいに ふった ものは、何《なん》でしたか。

〔（かわの）むち〕

(2) 白《しろ》い馬《うま》は、何等《なんとう》に なりましたか。一《ひと》つに ○を つけましょう。

（○）一等《いっとう》

（　）二等《にとう》

（　）三等《さんとう》

(3) ㋐白《しろ》い馬《うま》の のり手《て》とは、だれでしたか。

〔スーホ〕

79頁

スーホの白《しろ》い馬《うま》 (6)

名前

つぎの 文《ぶん》しょうを 二回《にかい》 読《よ》んで、答《こた》えましょう。

1

〔とのさまは、スーホから とり上《あ》げた 白馬《しろうま》を みんなに 見《み》せびらかしたくて たまりません。ある日《ひ》、おきゃくを たくさん よんで、白馬《しろうま》に のって 見《み》せて やることに しました。〕

家来《けらい》たちが、白馬《しろうま》を 引《ひ》いてきました。とのさまは、白馬《しろうま》にまたがりました。㋐そのときです。白馬《しろうま》は、おそろしいいきおいで はね上《あ》がりました。

2

とのさまは、じめんに ころげおちました。白馬《しろうま》は、とのさまの手《て》からたづなを ふりはなすと、さわぎ立《た》てる みんなの間《あいだ》をぬけて、風《かぜ》のようにかけだしました。

※たづな…馬《うま》の 口《くち》に つけた 金具《かなぐ》と つないで、馬《うま》を あやつる つな。

（令和二年度版 光村図書 国語二下 赤とんぼ おおつか ゆうぞう）

1

(1) ㋐そのときとは、どんな ときの ことですか。○を つけましょう。

（　）家来《けらい》たちが、白馬《しろうま》を 引《ひ》いて きた とき。

（○）とのさまが、白馬《しろうま》に またがった とき。

(2) 白馬《しろうま》は、どんな いきおいで はね上《あ》がりましたか。

〔おそろしい いきおい〕

2

(1) 白馬《しろうま》が はね上《あ》がって、とのさまは、どう なりましたか。

〔じめんに ころげおちました。（ころげおちた）〕

(2) とのさまの 手《て》から たづなを ふりはなした 白馬《しろうま》は、それから どう しましたか。○を つけましょう。

（　）家来《けらい》たちに つかまった。

（○）みんなの 間《あいだ》を ぬけて、かけだした。

解答例

本書の解答は，あくまでもひとつの例です。児童に取り組ませる前に，必ず指導される方が問題を解いてください。指導される方の作られた解答をもとに，児童の多様な考えに寄り添って○つけをお願いします。

80頁

スーホの白《しろ》い馬《うま》 (7) 名前

つぎの 文《ぶん》しょうを 二回《にかい》 読《よ》んで、答《こた》えましょう。

1

（白馬《しろうま》は、とのさまの 手《て》から たづなを ふりはなすと、風《かぜ》のように かけだしました。）

とのさまは、おき上《あ》がろうと もがきながら、大声《おおごえ》で どなりちらしました。

「早《はや》く、㋐あいつをつかまえろ。つかまらないなら、弓《ゆみ》で いころしてしまえ。」

2

家来《けらい》たちは、いっせいに おいかけました。 ㋑ 、白馬《しろうま》には とてもおいつけません。

家来《けらい》たちは、弓《ゆみ》を引《ひ》きしぼり、いっせいに 矢《や》をはなちました。矢《や》は、うなりを立《た》ててとびました。白馬《しろうま》の せには、つぎつぎに、矢《や》がささりました。それでも、白馬《しろうま》は走《はし》りつづけました。

(令和二年度版 光村図書 国語二下 赤とんぼ おおつか ゆうぞう)

1 (1) とのさまは、だれに むかって どなりちらしましたか。○を つけましょう。

( )白馬《しろうま》

(○)家来《けらい》たち

(2) ㋐あいつとは、だれの ことですか。

白馬

2 (1) ㋑ に あてはまる ことばに ○を つけましょう。

( )そして (○)けれども

(2) 白馬《しろうま》に おいつけない 家来《けらい》たちは、どう しましたか。○を つけましょう。

(○)弓《ゆみ》をつかって、白馬《しろうま》に むけて 矢《や》をとばした。

( )弓《ゆみ》を つかわずに、白馬《しろうま》に 矢《や》を つきさした。

(3) せに 矢《や》が ささった 白馬《しろうま》は、どう しましたか。

走りつづけました。(走りつづけた)

80

81頁

スーホの白《しろ》い馬《うま》 (8) 名前

つぎの 文《ぶん》しょうを 二回《にかい》 読《よ》んで、答《こた》えましょう。

1

そのばんのことです。スーホがねようとしていたとき、ふいに、外《そと》の方《ほう》で音《おと》がしました。

「だれだ。」

ときいてもへんじはなく、カタカタ、カタカタと、もの音《おと》がつづいています。㋐ようすを見《み》に出《で》ていったおばあさんが、さけび声《ごえ》を上《あ》げました。

「白馬《しろうま》だよ。うちの白馬《しろうま》だよ。」

2

スーホははねおきて、かけていきました。見《み》ると、本当《ほんとう》に、白馬《しろうま》はそこにいました。けれど、その体《からだ》には、矢《や》が何本《なんぼん》もつきささり、あせが、たきのようにながれおちています。白馬《しろうま》は、ひどいきずをうけながら、走《はし》って、走《はし》って、走《はし》りつづけて、大《だい》すきなスーホのところへ帰《かえ》ってきたのです。

(令和二年度版 光村図書 国語二下 赤とんぼ おおつか ゆうぞう)

1 (1) スーホが ねようと して いた とき、どこで 音《おと》が しましたか。

外 の 方《ほう》。

(2) ㋐ようすを見《み》に出《で》ていった おばあさんは、何《なに》を 見《み》つけましたか。

(うちの)白馬

2 (1) 白馬《しろうま》の 体《からだ》は、どんな ようすでしたか。二《ふた》つに ○を つけましょう。

( )矢《や》が 一本《いっぽん》だけ つきささっていた。

(○)矢《や》が 何本《なんぼん》も つきささっていた。

(○)あせが たきのように ながれおちていた。

(2) 白馬《しろうま》は、ひどい きずを うけながら、だれの ところへ 帰《かえ》って きたのですか。

(大すきな)スーホ

81

82頁

スーホの白《しろ》い馬《うま》 (9) 名前

つぎの 文《ぶん》しょうを 二回《にかい》 読《よ》んで、答《こた》えましょう。

1

スーホは、㋐はを食《く》いしばりながら、白馬《しろうま》にささっている矢《や》をぬきました。きず口《ぐち》からは、血《ち》がふき出《だ》しました。

「白馬《しろうま》、ぼくの白馬《しろうま》、しなないでおくれ。」

2

㋑ 、白馬《しろうま》は、弱《よわ》りはてていました。いきは、だんだん細《ほそ》くなり、目《め》の光《ひかり》もきえていきました。

そして、つぎの日《ひ》、白馬《しろうま》は、しんでしまいました。

(令和二年度版 光村図書 国語二下 赤とんぼ おおつか ゆうぞう)

1 (1) ㋐「はを食《く》いしばる」と おなじ ようすを あらわす 方《ほう》に ○を つけましょう。

(○)かなしみや いかりなどを じっと がまんする。

( )口《くち》を もぐもぐと うごかして いる。

(2) スーホは、白馬《しろうま》に 何《なん》と 言《い》いましたか。文《ぶん》しょうの 中《なか》から 書《か》き出《だ》しましょう。

白馬、ぼくの白馬、しなないでおくれ。

2 (1) ㋑ に あてはまる ことば 一《ひと》つに ○を つけましょう。

( )だから

(○)でも

( )また

(2) 弱《よわ》りはてた 白馬《しろうま》は、つぎの 日《ひ》、どう なりましたか。

しんでしまいました。(しんでしまった)

82

83頁

スーホの白《しろ》い馬《うま》 (10) 名前

つぎの 文《ぶん》しょうを 二回《にかい》 読《よ》んで、答《こた》えましょう。

1

かなしさとくやしさで、スーホは、いくばんもねむれませんでした。でも、やっとあるばん、とろとろとねむりこんだとき、スーホは、白馬《しろうま》のゆめを見《み》ました。スーホがなでてやると、白馬《しろうま》は、体《からだ》をすりよせました。

2

そして、やさしくスーホに話《はな》しかけました。

「そんなにかなしまないでください。それより、わたしのほねやかわや、すじや毛《け》をつかって、がっきを作《つく》ってください。そうすれば、わたしは、いつまでもあなたのそばにいられますから。」

(令和二年度版 光村図書 国語二下 赤とんぼ おおつか ゆうぞう)

1 (1) スーホが、いくばんも ねむれなかったのは、どんな 気《き》もちからでしたか。

かなしさ と くやしさ

(2) やっと ねむりこんだ とき、スーホは、何《なん》の ゆめを 見《み》ましたか。

白馬(のゆめ)

2 (1) 白馬《しろうま》は、ゆめの 中《なか》で、スーホに どんな ことを たのみましたか。○を つけましょう。

( )自分《じぶん》の 体《からだ》の かたちの がっきを 作《つく》って ほしい。

(○)自分《じぶん》の 体《からだ》を つかって がっきを 作《つく》って ほしい。

(2) 白馬《しろうま》が、がっきを 作《つく》って ほしいと スーホに 言《い》ったのは、なぜですか。

そうすれば、いつまでも、スーホ の そば に いられるから。

83

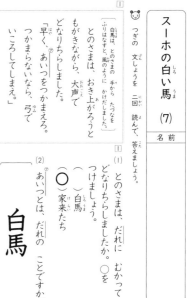

84頁

すてきなところをつたえよう

名前

一年《いちねん》を ふりかえって、友《とも》だちの すてきな ところを 手紙《てがみ》に 書《か》いて つたえました。つぎの やすださんの 手紙《てがみ》を 読《よ》んで、答《こた》えましょう。

（やすださんの 手紙《てがみ》）

にしの ゆうやさん

ゆうやさんのすてきな
㋐ところは、いつもやさしい
ところだと思《おも》います。

ろう下《か》で一年生《いちねんせい》がころんだ
㋑とき、ゆうやさんは、すぐに
声《こえ》をかけて、ほけん室《しつ》に
つれていってあげていました。
わたしは、どうしようと
思《おも》いながら見《み》ているだけ
だったので、すてきだなと
思《おも》いました。

これからも、やさしい
㋒ゆうやさんでいてくださいね。

やすだ れい

（令和二年度版 光村図書 国語二下 赤とんぼ「すてきなところをつたえよう」による）

(1) やすださんは、にしのさんの すてきな ところは、どんな ところだと 思《おも》って いますか。

いつも やさしい ところ。

(2) つぎの ①〜③は、手紙《てがみ》の ㋐〜㋒の どこに 書《か》かれて いますか。記《き》ごうで 答《こた》えましょう。

① にしのさんへの よびかけ。 **㋒**

② にしのさんが すてきだと かんじた ときの こと。 **㋑**

③ にしのさんの すてきな ところ。 **㋐**

85頁

げんこう用紙《ようし》の つかい方《かた》 (1)

名前

左《ひだり》の 作文《さくぶん》を、そのまま 右《みぎ》に 書《か》きうつして、げんこう用紙《ようし》の つかい方《かた》を たしかめましょう。

書《か》きはじめは，一《ひと》ます あける。

行《ぎょう》を かえたら，一《ひと》ます あける。

チャコのさんぽ

田中《たなか》 けんと

ぼくのうちには、チャコという犬《いぬ》がいます。チャコというのは、ぼくがつけた名前《なまえ》です。

毎日《まいにち》、チャコをさんぽにつれていくのが、ぼくのやく目《め》です。夕方《ゆうがた》、げんかんで、

「チャコ、行くよ。」

とよぶと、チャコはうれしそうにしっぽをふってとびついてきます。さんぽが大《だい》すきなのです。

だいめいは、はじめの 行《ぎょう》に、上《うえ》から 二《ふた》ますか 三《さん》ます あけて 書《か》く。

丸《まる》(。)や 点《てん》(、)が、行《ぎょう》の はじめに こないように、下《した》の ますに 文字《もじ》と いっしょに 書《か》く。（ますの 下《した》に 書《か》く ことも ある。）

きます。

(れい)

チャコのさんぽ

田中 けんと

ぼくのうちには、チャコという犬がいます。チャコというのは、ぼくがつけた名前です。

毎日、チャコをさんぽにつれていくのが、ぼくのやく目です。夕方、げんかんで、

「チャコ、行くよ。」

とよぶと、チャコはうれしそうにしっぽをふってとびついてきます。さんぽが大すきなのです。

小《ちい》さく 書《か》く 文字《もじ》は、ますの 右上《みぎうえ》の 方《ほう》に 書《か》く。

丸《まる》(。)や 点《てん》(、)は、一《ひと》ますに 書《か》く。

話《はな》しことばは、行《ぎょう》を かえて、かぎ(「」)を つけて 書《か》く。おわりの 丸《まる》と かぎは 一《ひと》ますに 書《か》く。

（はじまり） （おわり）

86頁

げんこう用紙《ようし》の つかい方《かた》 (2)

名前

左《ひだり》の 作文《さくぶん》を、そのまま 右《みぎ》に 書《か》きうつして、げんこう用紙《ようし》の つかい方《かた》を たしかめましょう。

かわいかった ふれあい広場《ひろば》のうさぎ

山下 りさ

日曜日《にちようび》に、かぞくでどうぶつ園《えん》に行きました。いろいろなどうぶつを見てまわったあとに、ふれあい広場に行ってみると、

「うさぎとモルモットがいますよ。」

としいくいんさんが教えてくれました。

わたしは、うさぎをだっこしてなでてみました。ふわふわしたやわらかい毛の、とてもかわいい白うさぎでした。

(れい)

かわいかった ふれあい広場のうさぎ

山下 りさ

日曜日に、かぞくでどうぶつ園に行きました。いろいろなどうぶつを見てまわったあとに、ふれあい広場に行ってみると、

「うさぎとモルモットがいますよ。」

としいくいんさんが教えてくれました。

わたしは、うさぎをだっこしてなでてみました。ふわふわしたやわらかい毛の、とてもかわいい白うさぎでした。

87頁

げんこう用紙《ようし》の つかい方《かた》 (3)

名前

左《ひだり》の 作文《さくぶん》を、そのまま 右《みぎ》に 書《か》きうつして、げんこう用紙《ようし》の つかい方《かた》を たしかめましょう。

えりちゃんがてつだってくれた水やり

上田 もえ

きのう、わたしは、花《か》だんの水やり当番《とうばん》でした。バケツに水を入《い》れてはこびました。

バケツがおもいので、とちゅうで休《やす》んでいると、えりちゃんがやって来《き》て、

「もえちゃん、いっしょにもつよ。」

と言《い》ってくれました。二人《ふたり》でもつと、おもさも半分《はんぶん》になったようでした。水やりも二人でしました。楽《たの》しい水やりになりました。

(れい)

えりちゃんがてつだってくれた水やり

上田 もえ

きのう、わたしは、花だんの水やり当番でした。バケツに水を入れてはこびました。

バケツがおもいので、とちゅうで休んでいると、えりちゃんがやって来て、

「もえちゃん、いっしょにもつよ。」

と言ってくれました。二人でもつと、おもさも半分になったようでした。水やりも二人でしました。楽しい水やりになりました。

解答例

本書の解答は，あくまでもひとつの例です。児童に取り組ませる前に，必ず指導される方が問題を解いてください。指導される方の作られた解答をもとに，児童の多様な考えに寄り添って○つけをお願いします。

88頁

ことばのたからばこ（1）
（ようすを　あらわす　ことば）

名前

じんぶつや　ものの　ようすを　あらわす　ことばの　つかい方《かた》を　たしかめましょう。

(1) つぎの　文《ぶん》に　合《あ》う　方《ほう》の　ことばに　○を　つけましょう。

① ぼくは、｛（　）ひょうきん／（○）しょうじき｝に、ほんとうの　ことを　言《い》った。

② ｛（○）いじっぱり／（　）すなお｝な　弟《おとうと》は、考《かんが》えを　さいごまで　かえなかった。

③ 姉《あね》は、｛（○）しっかりもの／（　）こわがり｝で、みんなが　たよりに　して　いる。

(2) つぎの　文《ぶん》の　□に　あてはまる　ことばを、□から　えらんで　書《か》きましょう。

① 近《ちか》くに　店《みせ》が　できて、買《か》いものが　［べんり］に　なった。

② ［かんたん］な　計算《けいさん》もんだいの　答《こた》えは　すぐに　分《わ》かった。

③ にわに、大《おお》きくて　［りっぱ］な　かきの　木《き》が　ある。

・りっぱ　・べんり　・かんたん

89頁

ことばのたからばこ（2）
（気《き》もちを　あらわす　ことば）

名前

気《き》もちを　あらわす　ことばの　つかい方《かた》を　たしかめましょう。

(1) つぎの　文《ぶん》に　合《あ》う　方《ほう》の　ことばに　○を　つけましょう。

① 歌《うた》の　じょうずな　人《ひと》が、｛（○）うらやましい／（　）おそろしい｝。

② 弟《おとうと》は、ゲームを　とり上《あ》げられると、すぐ｛（　）あきる／（○）すねる｝。

③ やくそくの　時間《じかん》に　おくれそうで｛（　）うきうきする／（○）ひやひやする｝。

(2) つぎの　文《ぶん》の　□に　あてはまる　ことばを、□から　えらんで　書《か》きましょう。

① なわとびの　れんしゅうを　毎日《まいにち》　つづける　友《とも》だちに　［かんしん］する。

② あの　じこの　ことを　思《おも》い出《だ》すと、［ぞっと］する。

③ おまつりが　楽《たの》しみで　［うきうき］する。

・ぞっと　・かんしん　・うきうき

喜楽研の支援教育シリーズ
ゆっくり　ていねいに学べる
国語教科書支援ワーク 2-②　光村図書の教材より抜粋

2023年3月1日

原稿検討：中村　幸成
イラスト：山口　亜耶　他
表紙イラスト：鹿川　美佳
表紙デザイン：エガオデザイン
企画・編著：原田　善造・あおい　えむ・今井　はじめ・さくら　りこ・中田　こういち
なむら　じゅん・ほしの　ひかり・堀越　じゅん・みやま　りょう（他4名）
編集担当：中川　瑞枝
発行者：岸本　なおこ
発行所：喜楽研（わかる喜び学ぶ楽しさを創造する教育研究所：略称）
〒604-0827　京都府京都市中京区高倉通二条下ル瓦町 543-1
TEL 075-213-7701　FAX 075-213-7706　HP https://www.kirakuken.co.jp
印刷：株式会社米谷

ISBN : 978-4-86277-388-3

Printed in Japan